日本商工会議所主催 簿記検定試験

検定 簿記ワークブック

3級 商業簿記

渡部裕亘
片山 覚 [編著]
北村敬子

中央経済社

JN011524

■検定簿記ワークブック　編著者・執筆者一覧

巻編成		編者（太字は主編者）	執筆者	
1級	商業簿記・会計学 上巻	渡部　裕亘（中央大学名誉教授） 片山　覚（早稲田大学名誉教授） **北村　敬子**（中央大学名誉教授）	北村　敬子	石川　鉄郎（中央大学名誉教授） 川村　義則（早稲田大学教授） 藤木　潤司（龍谷大学教授） 菅野　浩勢（早稲田大学准教授） 中村　英敏（中央大学准教授）
	商業簿記・会計学 下巻	渡部　裕亘（中央大学名誉教授） 片山　覚（早稲田大学名誉教授） **北村　敬子**（中央大学名誉教授）	北村　敬子	石川　鉄郎（中央大学名誉教授） 小宮山　賢（早稲田大学教授） 持永　勇一（早稲田大学教授） 川村　義則（早稲田大学教授） 藤木　潤司（龍谷大学教授） 中村　英敏（中央大学准教授） 小阪　敬志（日本大学准教授）
	工業簿記・原価計算 上巻	**岡本　清**（一橋大学名誉教授 東京国際大学名誉教授） 廣本　敏郎（一橋大学名誉教授）	廣本　敏郎	鳥居　宏史（明治学院大学名誉教授） 片岡　洋人（明治大学教授） 藤野　雅史（日本大学教授）
	工業簿記・原価計算 下巻	**岡本　清**（一橋大学名誉教授 東京国際大学名誉教授） 廣本　敏郎（一橋大学名誉教授）	廣本　敏郎	尾畑　裕（明治学院大学教授） 伊藤　克容（成蹊大学教授） 荒井　耕（一橋大学大学院教授） 渡邊　章好（東京経済大学教授）
2級	商業簿記	**渡部　裕亘**（中央大学名誉教授） 片山　覚（早稲田大学名誉教授） 北村　敬子（中央大学名誉教授）	渡部　裕亘	三浦　敬（横浜市立大学教授） 増子　敦仁（東洋大学准教授） 石山　宏（山梨県立大学教授） 渡辺　竜介（関東学院大学教授） 可児島達夫（滋賀大学准教授）
	工業簿記	岡本　清（一橋大学名誉教授 東京国際大学名誉教授） **廣本　敏郎**（一橋大学名誉教授）	廣本　敏郎	中村　博之（横浜国立大学教授） 籏本　智之（小樽商科大学教授） 挽　文子（元一橋大学大学院教授） 諸藤　裕美（立教大学教授） 近藤　大輔（法政大学教授）
3級	商業簿記	渡部　裕亘（中央大学名誉教授） **片山　覚**（早稲田大学名誉教授） 北村　敬子（中央大学名誉教授）	片山　覚	森田　佳宏（駒澤大学教授） 川村　義則（早稲田大学教授） 山内　暁（早稲田大学教授） 福島　隆（明星大学教授） 清水　秀輝（羽生実業高等学校教諭）

ま え が き

　本書「検定簿記ワークブック」は，日本商工会議所と各地商工会議所が主催する日商簿記検定試験を受験しようとする皆さんに，真に簿記に関する実力をつけていただきたいと願って編集・出版されたものです。

　学習効果を高めるために，「検定簿記講義」と本書「検定簿記ワークブック」をセットとして，一体的に勉強できるように配慮しています。

　簿記の学習では，取引の仕訳から財務諸表の作成までの帳簿システムや，計算の技術を学び，またその基礎となる簿記や会計のしくみを学んでいかなければなりません。

　簿記教育の経験上，簿記の学習の効果を高め，真の実力や応用力をつけ，合格して目標を達成するためには，単に簿記のテキストを読んで，頭で理解するだけでは十分とはいえません。

　簿記の学習では，実際に鉛筆・ペン，そして電卓等の計算機を使用して，仕訳や記帳練習を繰り返し行い，また計算・作表などの訓練を，繰り返し実践していくことが大切です。すなわち，頭だけでなく，身体で覚えることが必要です。その努力を続けることにより，財務的センス，会計的センスがいつの間にか向上しています。

　最近では，IT機器の発達により，コンピューターによる事務合理化が進んでいます。しかし，コンピューターのマニュアルどおりに事務処理を行うだけでは意味がありません。複式簿記の基本的なシステムや会計の基本的な考え方を理解していなければ，企業の経理処理の本質は理解できませんし，貸借対照表や損益計算書などの意義や活用の仕方もわからないことになります。

　簿記や会計を学ぼうとする皆さんにとって大事なことは，1つひとつの取引を正確に仕訳し，記帳し，アウトプットとしての財務諸表をしっかりと着実に作成するためのノウハウを，一歩一歩着実に自分のものとしていくことです。

　この「検定簿記ワークブック」は，そのようなノウハウを十分身につけてもらえるよう，さまざまな工夫をしてあります。主な工夫を挙げてみると，次のような事項があります。

(1)　「検定簿記講義」のテキストと「検定簿記ワークブック」の記帳練習帳が，一体となった構成により編集されています。

(2)　「検定簿記講義」の学習内容や学習者の勉学の進度に合わせて，体系的に学習できるように多くの観点からの練習問題を設定しています。

(3)　各練習問題などについては，その正しい解答と解説を用意し，着実に，そして納得のい

く学習が，自主的にできるよう配慮しています。練習問題や総合模擬問題の解答用紙は，中央経済社のウェブサイト「ビジネス専門書 Online」（https://www.biz-book.jp）から無料でダウンロードできます。

(4) 最新の日商簿記検定試験の出題区分表に準拠し，最近の出題傾向などにも配慮して編集してあります。

　日商簿記検定は，3級と2級について，2020年12月から，年3回（6月，11月，2月）の試験に加えて，新試験（ネット試験）を導入しました。これまで実施されてきたペーパー試験（統一試験と呼んでいます）と，随時，試験の受験が可能なネット試験を並行して行うことになりました。ネット試験は受験者の自宅ではなく，商工会議所が認定したテストセンターで受験し，実施から採点，合否判定，デジタル合格証の交付（即日交付）までインターネット上で行います。

　日商簿記検定試験の制度は，デジタル化時代の流れとともに変化していきます。しかし，複式簿記の習得に必要な基本的知識は変わりがありません。本書のような問題集の内容をしっかり理解し，着実な学習を積み重ねれば，どのような出題・解答形式にも柔軟に対応することが可能となります。

　本シリーズが，皆さんの受験対策，学習のためにさらに愛されていくことを，編著者一同，心より願っています。

　2024年1月

編　著　者

〔解答編〕 別 冊 （取りはずし式）

当社ホームページの「ビジネス専門書 Online」から，解答用紙がダウンロードできます。

また，本書に関する情報も掲載しておりますので，ご参照ください。

検定簿記ワークブック

３級/商業簿記〔問題編〕

第 1 章

簿記の意義としくみ

学習のポイント

1　**簿記**は，企業が行う経済活動を記録するしくみで，企業の財産管理，および利害関係者の意思決定に役立っています。

2　**貸借対照表**は，**資産・負債・資本**により，一定時点における企業の**財政状態**を明らかにする計算書です。

貸 借 対 照 表

			負　　　　債	6,000
資　　　　　産		10,000	資　　　　本	4,000

資産，負債，資本の例としては，それぞれ次のようなものがあります。

資産……現金，普通預金，売掛金，貸付金，建物，備品，土地，車両運搬具

負債……買掛金，借入金

資本……資本金，繰越利益剰余金

3　**損益計算書**は，**収益・費用**により，一定期間における企業の**経営成績**を明らかにする計算書です。

損 益 計 算 書

費　　　　用	5,000	収　　　益	7,000
当 期 純 利 益	2,000		

収益，費用の例としては，それぞれ次のようなものがあります。

収益……売上，受取手数料，受取地代，受取利息

費用……仕入，給料，広告宣伝費，支払家賃，支払地代，旅費交通費，保険料，消耗品費，水道光熱費，通信費，雑費，支払利息

4　簿記では，次のような会計等式を利用します。

- **・資産－負債＝資本**……………**資本等式**
- **・資産＝負債＋資本**……………**貸借対照表等式**
- **・費用＋当期純利益＝収益**………**損益計算書等式**

5　**当期純利益**は，損益計算書上は収益と費用の差額として計算され，貸借対照表上は資本の増加額として計算されます。損益計算書と貸借対照表で計算された当期純利益はそれぞれ一致します。

問題 1-1 次の各文章の（　）の中にあてはまるもっとも適当な語句を下記の（語群）より選び，各記号の解答欄にその語句を記入しなさい。

(1) 現金・建物・備品などの（　ア　）や，売掛金・貸付金などの（　イ　）を資産といい，資産の総額から，買掛金や借入金などの（　ウ　）を表す負債の総額を差し引いた額を資本という。株式会社の資本は，株主からの出資額を表す（　エ　）と，経営活動から獲得した利益の留保額を表す繰越利益剰余金に区別して表す。

(2) 企業の経営活動の結果，期末資本が期首資本より大きくなった場合の差額を（　オ　）といい，期末資本が期首資本より小さくなった場合の差額を（　カ　）という。

(3) 売上・受取手数料など，経営活動の結果として資本が増加する原因を（　キ　）といい，仕入・給料・広告宣伝費など，経営活動の結果として資本が減少する原因を（　ク　）という。

(4) 企業の一定時点における財政状態を表示する計算書を（　ケ　）といい，一定期間における経営成績を表示する計算書を（　コ　）という。

（語群）	貸借対照表	当期純損失	債権	費用	財貨
	損益計算書	当期純利益	債務	収益	資本金

（ア	）	（イ	）	（ウ	）	（エ	）	（オ	）
（カ	）	（キ	）	（ク	）	（ケ	）	（コ	）

問題 1-2 X1年4月1日に，株主からの出資を受けて開業した株式会社東京商店（資本金￥2,500,000）のX2年3月31日における資産・負債は，次のとおりである。この資料にもとづいて，期末（3月31日）の貸借対照表を作成しなさい。

現　　金 ￥450,000　売　掛　金 ￥350,000　建　　　物 ￥2,250,000
備　　品 ￥400,000　買　掛　金 ￥300,000　借　入　金 ￥500,000

貸　借　対　照　表

株式会社東京商店　　　　　　　　　　　年　　月　　日

資　　　　　産	金　　額	負債および純資産	金　　額

問題 1-3 株式会社神奈川商店のX1年4月1日の資産・負債・資本とX2年3月31日の資産・負債は，それぞれ次のとおりである。この資料にもとづいて，期末（X2年3月31日）の貸借対照表を作成しなさい。なお，会計期間中に資本金の変動は生じていない。

4月1日	現　金 ¥200,000	建　物 ¥2,500,000	備　品 ¥750,000
	借入金 ¥500,000	資本金 ¥2,700,000	繰越利益剰余金 ¥250,000
3月31日	現　金 ¥450,000	売掛金 ¥350,000	建　物 ¥2,500,000
	備　品 ¥650,000	買掛金 ¥250,000	借入金 ¥700,000

貸 借 対 照 表

株式会社神奈川商店　　　　　　　　　年　　月　　日

資　　　　　産	金　　額	負債および純資産	金　　額

問題 1-4 株式会社埼玉商店のX1年4月1日からX2年3月31日（期末）までに発生した収益・費用は次のとおりである。この資料にもとづいて，損益計算書を作成しなさい。

売　　　　上 ¥3,000,000	受取手数料 ¥20,000	仕　　入 ¥2,380,000	給　　　料 ¥360,000
広告宣伝費 ¥36,000	支払家賃 ¥120,000	水道光熱費 ¥42,000	消耗品費 ¥12,000

損 益 計 算 書

株式会社埼玉商店　　　　　年　　月　　日から　　年　　月　　日まで

費　　　用	金　　額	収　　　益	金　　額

問題 1-5 　株式会社茨城商店のX1年4月1日（期首）とX2年3月31日（期末）における資産・負債・資本および会計期間中の収益・費用は次のとおりである。この資料にもとづいて，損益計算書および期末の貸借対照表を作成しなさい。ただし，期末の繰越利益剰余金（当期の純利益を加算後）の金額は各自で計算すること。

期首および期末の資産・負債・資本

4月1日　　現　　金 ¥590,000　　売掛金 ¥340,000　　備　品 ¥585,000

　　　　　　買掛金 ¥315,000　　資本金 ¥1,000,000　　繰越利益剰余金 ¥200,000

3月31日　　現　　金 ¥699,000　　売掛金 ¥355,000　　備　品 ¥646,000

　　　　　　買掛金 ¥290,000　　借入金 ¥100,000　　資本金 ¥1,000,000

　　　　　　繰越利益剰余金 ¥（各自計算）

期間中の収益・費用

売　　　　上 ¥2,100,000　受取手数料 ¥25,000　仕　　　入 ¥1,479,000　給　　　料 ¥300,000

広告宣伝費 ¥75,000　支払家賃 ¥150,000　水道光熱費 ¥8,500　支払利息 ¥2,500

損 益 計 算 書

株式会社茨城商店　　　　　年　　月　　日から　　年　　月　　日まで

費　　　用	金　　額	収　　　益	金　　額

貸 借 対 照 表

株式会社茨城商店　　　　　　　　年　　月　　日

資　　　産	金　　額	負債および純資産	金　　額

第 **2** 章

仕訳と転記

学習のポイント

1　資産・負債・資本・収益・費用の各項目ごとに分けられた記録・計算の単位を**勘定**といいます。
また，勘定に付された名称を**勘定科目**といい，勘定への記入は次のように行います。

- 資産の勘定については，その増加を借方に，その減少を貸方に記入します。
- 負債の勘定については，その増加を貸方に，その減少を借方に記入します。
- 資本の勘定については，その増加を貸方に，その減少を借方に記入します。
- 収益の勘定については，その発生を貸方に記入します。
- 費用の勘定については，その発生を借方に記入します。

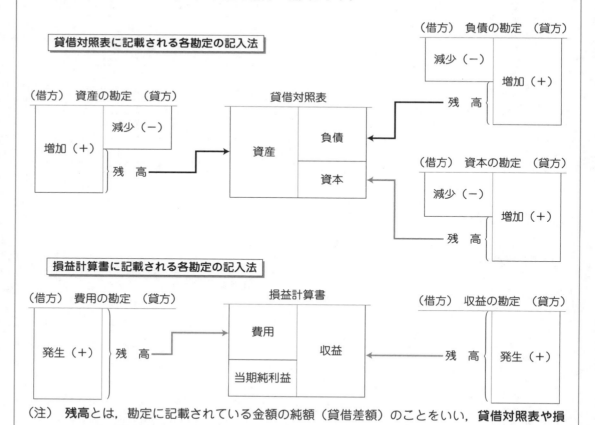

（注）**残高**とは，勘定に記載されている金額の純額（貸借差額）のことをいい，**貸借対照表や損
益計算書に記載される金額**となります。

2　簿記上の**取引**とは，資産・負債・資本の増減や収益・費用の発生につながる事象をいいます。

3　複式簿記では，財産の変動を単独では認識しません。複式簿記では，取引を借方の要素と貸方の要素に分解して，両者の結合関係により，勘定科目と金額を用いて二元的に記録します。この作業を**仕訳**といいます。取引の要素を借方と貸方の要素にまとめ，その結合関係を示すと次のようになります。

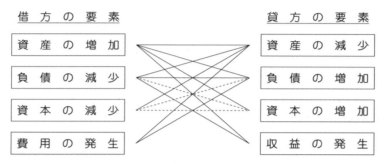

（注）……… で示した取引はあまり発生しません。

4　仕訳の内容を勘定に記入することを勘定への**転記**といいます。

　　次の取引にもとづいて行った場合の仕訳と転記の例は，以下のようになります。なお，商品売買の記帳法は，3分法によるものとします。3分法とは，商品の仕入時には**仕入勘定**（費用），商品の売上時には**売上勘定**（収益），および決算時の処理として**繰越商品勘定**（資産）を用いて商品売買の記帳を行う方法です（詳しくは，第6章参照）。

　　取引　4／1　株主から現金￥1,000,000の出資を受けて会社を設立し，営業を開始した。

　　　　　　3　商品￥200,000を仕入れ，代金は現金で支払った。

　　　　　　9　商品を￥250,000で売り上げ，代金は掛けとした。

（上記取引の各仕訳）

　4／1　（借）現　　　　　金　1,000,000　（貸）資　本　　金　1,000,000

　　　3　（借）仕　　　　　入　　200,000　（貸）現　　　　金　　200,000

　　　9　（借）売　掛　　金　　250,000　（貸）売　　　　上　　250,000

　　仕訳にあたっては，取引の情報を借方と貸方のそれぞれの取引要素に分解し，それを**勘定科目と金額により記入し，借方と貸方の各合計額が等しくなるように処理**を行います。

　　4／1　会社を設立する時などに**株主から出資を受けたお金や物**は，会社の資本として**資本金勘定**を用いて処理します。

　　4／3，9　3分法では，仕入時に仕入勘定，売上時に売上勘定を用いて次のように記帳します（××は金額）。

　　商品の仕入時：（借）仕　　　　入　　××→原価　（貸）現金など　××

　　商品の売上時：（借）現金など　　××　　　　（貸）売　　　上　××→売価

　　転記は，日付・相手勘定科目・金額の記入により行います。相手勘定科目が複数ある場合には，「諸口」と記入します。上記の仕訳を各勘定に転記すると，次のようになります。

現　　金				売　掛　金		
4/1 資本金	1,000,000	4/3 仕　入	200,000	4/9 売　上 250,000		

資　本　金				売　　上		
		4/1 現　金	1,000,000		4/9 売掛金	250,000

仕　　入		
4/3 現　金	200,000	

問題 2−1 次のうち，簿記上の取引となるものには○印を，そうでないものには×印を，（　　　）の中に記入しなさい。

(1) 月給¥120,000の契約で従業員を雇い入れた。　　　　　　　　　（　　　）

(2) 商品¥50,000の注文を行った。　　　　　　　　　　　　　　　（　　　）

(3) 商品¥50,000を仕入れ，代金は現金で支払った。　　　　　　　（　　　）

(4) 駐車場として利用する土地を月額¥40,000で借りる契約を結んだ。（　　　）

(5) 銀行から現金¥200,000を借り入れた。　　　　　　　　　　　　（　　　）

(6) 従業員の本月分の給料¥120,000を現金で支払った。　　　　　　（　　　）

(7) 株主から現金¥1,000,000の出資を受け，開業した。　　　　　　（　　　）

問題 2−2 次の取引は，下記に示した取引要素の結合関係のどれに該当するか，（　　　）の中に記号を記入しなさい。

(1) 株主から現金¥2,000,000の出資を受け，営業を開始した。　　　（　　　）

(2) 商品¥50,000を仕入れ，代金は現金で支払った。　　　　　　　（　　　）

(3) 銀行から現金¥200,000を借り入れた。　　　　　　　　　　　　（　　　）

(4) 銀行から借り入れた¥200,000を利息¥10,000とともに現金で返済した。（　　　）

(5) 従業員の本月分の給料¥120,000を現金で支払った。　　　　　　（　　　）

(6) 取引の仲介を行い，その手数料として現金¥5,000を受け取った。（　　　）

〔取引要素の結合関係〕

記号	借方の要素	貸方の要素
ア	資産の増加	負債の増加
イ	費用の発生	資産の減少
ウ	資産の増加	資本の増加
エ	資産の増加	収益の発生
オ	負債の減少 費用の発生	資産の減少

問題 **2-3** 次の各取引について仕訳しなさい。なお，商品売買の記帳方法は3分法によること。

1月4日 株主から現金¥500,000，建物¥5,000,000の出資を受け，会社を設立して営業を開始した。

7日 備品¥200,000を購入し，代金は現金で支払った。

10日 商品¥400,000を仕入れ，代金は掛けとした。

15日 商品¥600,000を売り渡し，代金のうち¥350,000は現金で受け取り，残額は掛けとした。

17日 商品¥600,000を仕入れ，代金のうち¥200,000を現金で支払い，残額は掛けとした。

20日 水道光熱費¥20,000を現金で支払った。

25日 従業員に，本月分の給料¥100,000を現金で支払った。

26日 商品¥500,000を売り渡し，代金のうち半額は現金で受け取り，残額は掛けとした。

28日 売掛金¥250,000を現金で回収した。

31日 銀行から現金¥100,000を借り入れた。

	借 方 科 目	金 額	貸 方 科 目	金 額
1／4				
7				
10				
15				
17				
20				
25				
26				
28				
31				

問題 2-4 次の各取引について仕訳を示し，総勘定元帳の各勘定に転記しなさい。なお，商品売買の記帳方法は3分法により，転記は日付・相手勘定科目・金額の記入により行うこと。

1月3日　株主から現金¥300,000と建物¥1,500,000の出資を受け，株式会社関西商店を設立し，営業を開始した。

　　5日　銀行から現金¥100,000を借り入れた。

　　7日　商品¥60,000を仕入れ，代金のうち¥20,000は現金で支払い，残額は掛けとした。

　 12日　商品¥80,000を売り上げ，代金のうち¥30,000は現金で受け取り，残額は掛けとした。

　 16日　取引の仲介を行い，手数料¥4,000を現金で受け取った。

　 18日　賃借している土地の地代¥5,000を現金で支払った。

　 21日　売掛金¥50,000を現金で回収した。

　 23日　買掛金¥40,000を現金で支払った。

　 25日　従業員に，本月分の給料¥30,000を現金で支払った。

　 31日　銀行からの借入金のうち¥50,000を利息¥100とともに現金で返済した。

	借　方　科　目	金　　　額	貸　方　科　目	金　　　額
1／ 3				
5				
7				
12				
16				
18				
21				
23				
25				
31				

総 勘 定 元 帳

現　　金　　　　1	売 掛 金　　　　2
	建　　物　　　　3
	買 掛 金　　　　4
借 入 金　　　　5	資 本 金　　　　6
売　　上　　　　7	受取手数料　　　8
仕　　入　　　　9	給　　料　　　10
支 払 地 代　　11	支 払 利 息　　12

問題 **2-5** 商品売買に関する次の勘定記録にもとづいて，各日付の仕訳を示しなさい。ただし，勘定記録における日付は営業開始日を除いて①，②…⑤までの番号で示している。転記面の（　）については，仕訳とのつながりを考え，各自推定すること。

現　　金		
1/5 資本金　1,000,000	①　仕　　入　　400,000	
②　売　上　　350,000	⑤　買掛金　（　　　）	
④　売掛金　（　　　）		

売　掛　金		
③（　　　）　420,000	④　現　　金　　300,000

買　掛　金		
⑤　現　　金　200,000	①　仕　　入　　300,000

仕　　入	
①　諸　口　（　　　）	

売　　上	
	②（　　　）　　350,000
	③　売掛金　　420,000

	借　方　科　目	金　　額	貸　方　科　目	金　　額
①				
②				
③				
④				
⑤				

問題 2-6　次の1月中の勘定記録にもとづいて，下記の問いに答えなさい。ただし，勘定記録のなかの日付はa，b…fまでのアルファベットで記しており，（　？　）にあてはまる金額は，下記の取引に記入された内容にもとづいて，各自推定すること。

現　　金			
a	3,000,000	d	400,000
b	1,000,000	e	1,200,000
c	（　？　）	f	（　？　）

売　掛　金			
b	1,400,000	c	700,000

備　　品	
d	（　？　）

買　掛　金			
f	600,000	e	800,000

資　本　金			
		a	3,000,000

売　　上			
		b	（　？　）

仕　　入			
e	（　？　）		

取　　引

1月3日　株主から，現金¥＿＿①＿＿の出資を受けて株式会社を設立し，営業を開始した。

　　6日　商品陳列棚¥＿＿②＿＿を購入し，代金は現金で支払った。

　　9日　商品¥＿＿③＿＿を仕入れ，代金のうち¥＿＿④＿＿は現金で支払い，残額は掛けとした。

　13日　商品¥＿＿⑤＿＿を売り渡し，代金のうち¥1,000,000は現金で受け取り，残額は掛けとした。

　23日　9日に仕入れた商品の掛代金のうち，¥＿＿⑥＿＿を現金で支払った。

　27日　13日に売り渡した商品の掛代金のうち，¥＿＿⑦＿＿を現金で受け取った。

問い　上記の取引にあてはまる①から⑦までの各金額を答えなさい。

①		②		③		④	
⑤		⑥		⑦			

第3章 仕訳帳と元帳

学習のポイント

1　**仕訳帳**は，取引の仕訳を日付順に記入する帳簿です。

2　**総勘定元帳**は，仕訳帳から転記が行われる**勘定口座**をすべてまとめた帳簿です。総勘定元帳にとじ込まれている勘定口座の形式には，**標準式**と**残高式**があります。

3　仕訳帳と総勘定元帳は，**主要簿**とよばれています。取引は，仕訳帳に仕訳され，総勘定元帳の各勘定口座に転記されます。

　仕訳帳の記入

　　日付欄…………仕訳の日付を記入します（月の記入は，同じ月の取引の場合，省略します）。

　　摘要欄…………仕訳の勘定科目を記入します。1行ごとに借方または貸方の勘定科目を記入し，勘定科目には（　）を付します。借方または貸方の科目が複数ある場合には，その先頭行に「諸口」と記入してから勘定科目の記入を行います。

　　元丁欄…………元帳に転記を行った後，勘定口座に付されている番号を記入します。

　　借方・貸方欄…摘要欄に記入した勘定の金額を，摘要欄の勘定と同じ記入側に記入します。

　総勘定元帳における各勘定口座の記入

　　日付欄…………仕訳と同じ日付を記入します。

　　摘要欄…………仕訳の相手勘定科目を記入します。複数ある場合には，「諸口」と記入します。

　　仕丁欄…………仕訳が記載されている仕訳帳のページを記入します。

　　借方・貸方欄…仕訳帳に記載されている勘定の金額を，仕訳帳と同じ記入側に記入します。

4　**補助簿**には，**補助記入帳**と**補助元帳**があります。補助記入帳には特定の取引の明細を発生順に記録し，補助元帳には特定の勘定の明細を取引先などの口座別に記録します。

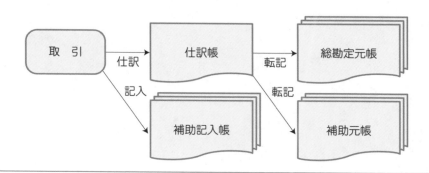

問題 **3-1** 次の取引を仕訳帳に記入し，総勘定元帳の各勘定口座（標準式）に転記しなさい。

1月2日 株主から現金￥1,000,000の出資を受けて株式会社を設立し，営業を開始した。

5日 さいたま商事株式会社から商品￥300,000を仕入れ，代金のうち￥100,000は現金で支払い，残額は掛けとした。

仕 訳 帳 1

X1年		摘　　　　　要	元丁	借　　方	貸　　方
1	2	（　　　　　　　）			
		（　　　　　　　）			
		株主から出資を受けて営業を開始			
	5	（　　　　　　　）　　諸　　口			
		（　　　　　　　）			
		（　　　　　　　）			
		さいたま商事から仕入れ			

総 勘 定 元 帳

標準式　　　　　　　　　　現　　金　　　　　　　　　　1

X1年	摘　要	仕丁	借　方	X1年	摘　要	仕丁	貸　方

買　掛　金　　　　　　　　6

資　本　金　　　　　　　　7

仕　　入　　　　　　　　　9

問題 **3-2** 次の取引を仕訳帳に記入し（小書きを含む），総勘定元帳の各勘定口座（現金勘定については残高式の記入を含む）に転記しなさい。ただし，仕訳帳の1ページには1月25日までの取引を記入すること。

1月3日 株主から現金￥1,400,000と備品￥300,000の出資を受け，会社を設立して事業を開始した。

7日 株式会社新宿商店から商品￥300,000を仕入れ，代金のうち￥100,000は現金で支払い，残額は掛けとした。

12日 株式会社港商店に商品￥350,000を売り渡し，代金のうち￥150,000は現金で受け取り，残額は掛けとした。

21日 本月分の従業員給料￥70,000を現金で支払った。

25日 株式会社港商店から掛代金のうち￥100,000を現金で受け取った。

28日　本月分の家賃¥30,000を現金で支払った。

30日　株式会社新宿商店に対する掛代金のうち¥200,000を現金で支払った。

仕　訳　帳　　　　　　　　　　　　　　1

X1年		摘　　　要	元丁	借　　方	貸　　方
1	3				
		株主から出資を受けて会社を設立し,事業開始			
	7				
	12				
	21				
	25				
		次ページへ			

仕　訳　帳　　　　　　　　　　　　　　2

X1年		摘　　　要	元丁	借　　方	貸　　方
		前ページから			
1	28				
	30				

総 勘 定 元 帳

現　　金　　　　　　　　1

X1年	摘　要	仕丁	借　方	X1年	摘　要	仕丁	貸　方

売　掛　金　　　　　　　2

備　　品　　　　　　　3

買　掛　金　　　　　　　4

資　本　金　　　　　　　5

売　　上　　　　　　　6

仕　　入　　　　　　　7

給　　料　　　　　　　8

支　払　家　賃　　　　　9

残高式　　　　　現　　金　　　　　　　1

X1年	摘　要	仕丁	借　方	貸　方	借/貸	残　高

第4章 決算

1 **決算**とは，期末に総勘定元帳の記録を整理し，帳簿を締め切り，損益計算書と貸借対照表を作成する一連の手続をいいます。

2 決算手続には，決算予備手続・決算本手続・財務諸表の作成が含まれます。

3 **試算表**は，期中の元帳記入が正しいかどうかを確かめるために作成します。試算表には，**合計試算表・残高試算表・合計残高試算表**があります。

合計残高試算表

借 方 残 高	借 方 合 計	勘 定 科 目	貸 方 合 計	貸 方 残 高
700	1,000	現　　　　金	300	
	150	買　　掛　　金	600	450
XX	XXX		XXX	XX

4 **英米式決算法**では，損益計算書項目は各勘定残高を**損益勘定**に振り替えて締め切り，当期純利益を損益勘定から**繰越利益剰余金勘定**（資本）に振り替えて損益勘定を締め切ります。また，貸借対照表項目は元帳上で各勘定残高を直接「**次期繰越**」と記入して締め切ります。

5 **精算表**は，試算表の作成から財務諸表の作成までの作業を一覧表にしたものです。残高試算表，損益計算書および貸借対照表の借方・貸方の各欄から構成される精算表を6桁精算表とよびます。

精　算　表

勘 定 科 目	残高試算表		損益計算書		貸借対照表	
	借　方	貸　方	借　方	貸　方	借　方	貸　方
現　　　　　金	700				700	
備　　　　　品	300				300	
買　　掛　　金		350				350
資　　本　　金		500				500
繰越利益剰余金		100				100
売　　　　　上		550		550		
仕　　　　　入	300		300			
給　　　　　料	200		200			
当 期 純 利 益			50			50
	1,500	1,500	550	550	1,000	1,000

［参考］（上記精算表の金額による決算振替仕訳）

1　収益の振替　（借）売　　　　　　上 550　（貸）損　　　　　　益 550

2　費用の振替　（借）損　　　　　　益 500　（貸）仕　　　　　　入 300
　　　　　　　　　　　　　　　　　　　　　　　給　　　　　　料 200

3　利益の振替　（借）損　　　　　　益 50　（貸）繰越利益剰余金 50

> 財務諸表としての貸借対照表には当期純利益は記載されず，繰越利益剰余金を150として表示します。

問題 **4－1** 次の株式会社横浜商店の1月中の取引にもとづいて，総勘定元帳における勘定記録を取引番号順に金額のみ行い，1月末日における合計残高試算表を作成しなさい。

<u>1月中の取引</u>

① 株主から現金¥800,000の出資を受けて会社を設立し，営業を開始した。

② 株式会社逗子商店から商品¥250,000を仕入れ，代金は掛けとした。

③ 株式会社横須賀商店に商品¥400,000を売り渡し，代金は掛けとした。

④ 株式会社川崎商店から商品¥170,000を仕入れ，代金のうち¥100,000は現金で支払い，残額は掛けとした。

⑤ 株式会社鎌倉商店に商品¥270,000を売り渡し，代金のうち¥120,000は現金で受け取り，残額は掛けとした。

⑥ 従業員に給料¥90,000を現金で支払った。

⑦ 株式会社逗子商店に掛代金¥250,000を現金で支払った。

⑧ 株式会社横須賀商店から掛代金のうち¥300,000を現金で回収した。

総 勘 定 元 帳

現　　金　　1		売　掛　金　　2		買　掛　金　　3	
(　　　　)	(　　　　)	(　　　　)	(　　　　)	(　　　　)	(　　　　)
(　　　　)	(　　　　)	(　　　　)			(　　　　)
(　　　　)	(　　　　)				

資　本　金　　4		売　　上　　5		仕　　入　　6	
	(　　　　)		(　　　　)	(　　　　)	
			(　　　　)	(　　　　)	

給　　料　　7	
(　　　　)	

合計残高試算表
X1年1月31日

借　　方		元丁	勘　定　科　目	貸　　方	
残　　高	合　　計			合　　計	残　　高

20

問題 4-2 株式会社山形商店の X1年4月1日から X2年3月31日までの会計期間における次の資料(A), (B)にもとづいて，下記の問いに答えなさい。ただし，仕入取引・売上取引についての返品はなかった。

資　料　(A)　X1年4月1日における資産，負債，資本の前期繰越高は次のとおりであった。

現　　　金 ¥790,000　売 掛 金 ¥250,000　備　　　品 ¥360,000

買 掛 金 300,000　借 入 金 300,000　資 本 金 600,000

繰越利益剰余金 200,000

(B)　X2年3月31日（期末）に作成した合計試算表は次のとおりである。

合 計 試 算 表
X2年3月31日

借　　方	勘 定 科 目	貸　　方
3,540,000	現　　　　金	2,770,000
2,750,000	売　　掛　　金	2,250,000
510,000	備　　　　品	
1,600,000	買　　掛　　金	2,000,000
300,000	借　　入　　金	800,000
	資　　本　　金	600,000
	繰越利益剰余金	200,000
	売　　　　上	2,500,000
1,750,000	仕　　　　入	
450,000	給　　　　料	
200,000	支　払　家　賃	
20,000	支　払　利　息	
11,120,000		11,120,000

問い　(1)　この期間の売掛金の回収額はいくらですか。

(2)　この期間の備品の購入額はいくらですか。

(3)　3月31日における買掛金残高はいくらですか。

(4)　当期純利益の金額はいくらですか。

(1)	売 掛 金 回 収 額	¥
(2)	備 品 購 入 額	¥
(3)	買 掛 金 残 高	¥
(4)	当 期 純 利 益	¥

株式会社群馬商店（決算年1回，3月31日）の決算直前における総勘定元帳の各勘定残高は次のとおりである。この資料にもとづいて，下記の問いに答えなさい。

勘定残高

現　　　金	¥890,000	売　掛　金	¥500,000	備　　　品	¥510,000
買　掛　金	400,000	借　入　金	500,000	資　本　金	700,000
繰越利益剰余金	200,000	売　　　上	2,000,000	仕　　　入	1,380,000
給　　　料	350,000	支払家賃	150,000	支払利息	20,000

問い (1) 費用の諸勘定を損益勘定に振り替えるための決算仕訳を行いなさい。

(2) 繰越利益剰余金勘定に必要な記入を行い，締め切りなさい。なお，決算振替仕訳は仕訳帳の15ページに記入したものとし，翌期首の日付で開始記入も行う。

(3) 損益計算書を作成しなさい。

(1) 決算仕訳

借　方　科　目	金　　額	貸　方　科　目	金　　額

(2) 繰越利益剰余金勘定

繰越利益剰余金　　　　　　　7

日付		摘　要	仕丁	借　方	日付		摘　要	仕丁	貸　方
3	31				4	1		✓	
					3	31			
					4	1			

(3) 損益計算書

損　益　計　算　書

株式会社群馬商店　　　　X1年4月1日から X2年3月31日まで

費　　用	金　　額	収　　益	金　　額

問題 4-4 株式会社東京商店（決算年1回，3月31日）の2月末までの総勘定元帳における各勘定の記録と3月中の取引は次のとおりである。これらの資料にもとづいて，複式簿記の基本的な一連の手続として，下記の問いに答えなさい。

総 勘 定 元 帳（2月末までの記録）

現　　金　　1		売　掛　金　　2		備　　品　　3	
1,938,000	1,144,000	810,000	540,000	152,000	

買　掛　金　　4		借　入　金　　5		資　本　金　　6	
470,000	710,000	300,000	500,000		500,000

繰越利益剰余金　　7		売　　上　　8		仕　　入　　9	
	180,000		1,270,000	800,000	

給　　料　　10		支 払 家 賃　　11		支 払 利 息　　12	
270,000		102,000		2,000	

3月中の取引

3月1日　商品¥150,000を売り渡し，代金のうち¥80,000は現金で受け取り，残額を掛けとした。

　　6日　商品¥130,000を仕入れ，代金のうち¥40,000は現金で支払い，残額を掛けとした。

　　14日　得意先から掛代金¥110,000を現金で回収した。

　　18日　仕入先に掛代金¥90,000を現金で支払った。

　　25日　次の諸費用を現金で支払った。

　　　　　給　　　料　¥29,000　　支 払 家 賃　¥10,000

　　31日　借入金のうち¥60,000を利息¥1,000とともに現金で返済した。

問い　(1)　3月中の取引を仕訳し，各勘定に転記しなさい。

　　　　(2)　3月末日における合計残高試算表を作成しなさい。

　　　　(3)　決算において必要な仕訳を行い，各勘定に転記し，締め切りなさい（開始記入を含む）。

　　　　(4)　3月末日における精算表を作成しなさい。

　　　　(5)　貸借対照表および損益計算書を作成しなさい。

(1) 3月中の取引の仕訳

	借 方 科 目	金 額	貸 方 科 目	金 額
3／1				
6				
14				
18				
25				
31				

(1),（3)勘定記入

現 金	1
1,938,000	1,144,000

売 掛 金	2
810,000	540,000

備 品	3
152,000	

買 掛 金	4
470,000	710,000

借 入 金	5
300,000	500,000

資　本　金	6
	4/ 1 前期繰越　500,000

繰越利益剰余金	7
	4/ 1 前期繰越　180,000

売　　　上	8
	1,270,000

仕　　　入	9
800,000	

給　　　料	10
270,000	

支　払　家　賃	11
102,000	

支　払　利　息	12
2,000	

損　　　益	13

25

(2) 合計残高試算表

合計残高試算表
X2年3月31日

借 方		元丁	勘 定 科 目	貸 方	
残　　高	合　　計			合　　計	残　　高
		1	現　　　　金		
		2	売　掛　金		
		3	備　　　品		
		4	買　掛　金		
		5	借　入　金		
		6	資　本　金		
		7	繰越利益剰余金		
		8	売　　　上		
		9	仕　　　入		
		10	給　　　料		
		11	支 払 家 賃		
		12	支 払 利 息		

(3) 決算振替仕訳

	借 方 科 目	金 額	貸 方 科 目	金 額
3／31				

(4) 精算表

精　算　表

X2年3月31日

勘 定 科 目	残高試算表		損益計算書		貸借対照表	
	借 方	貸 方	借 方	貸 方	借 方	貸 方
現　　　　金						
売　掛　金						
備　　　品						
買　掛　金						
借　入　金						
資　本　金						
繰越利益剰余金						
売　　　上						
仕　　　入						
給　　　料						
支 払 家 賃						
支 払 利 息						
当期純(　　)						

(5) 貸借対照表，損益計算書

貸 借 対 照 表

株式会社東京商店　　　　　　　　　X2年　　月　　日

資　　　産	金　　額	負債および純資産	金　　額

損 益 計 算 書

株式会社東京商店　　　X1年　　月　　日から X2年　　月　　日まで

費　　　用	金　　額	収　　　益	金　　額

28

第 5 章
現金と預金

1 通貨のほか，通貨代用証券も**現金**として処理します。他人が振り出した小切手を受け取ったときは，通貨代用証券として現金扱いになります。

2 **現金出納帳**は，現金の収支の明細を記録する補助簿です。

3 期中に現金の過不足が生じた場合には，**現金過不足勘定**に記入し，原因が判明したときに正しい勘定に振り替えます。決算日までに原因が判明しなかったときは，**雑損勘定**（費用）または**雑益勘定**（収益）に振り替えます。

・現金の実際有高が帳簿残高より¥100不足していると判明した。

|(借)|現 金 過 不 足|100|(貸)|現 金|100|

・現金不足額の原因を調査したところ，¥80は旅費交通費の未記入によるものと判明した。

|(借)|旅 費 交 通 費|80|(貸)|現 金 過 不 足|80|

・決算において，現金過不足勘定の残高¥20の原因は不明であったので、雑損に振り替えた。

|(借)|雑 損|20|(貸)|現 金 過 不 足|20|

4 小切手を振り出したときは，当座預金の減少として処理します。また，決算日において当座預金勘定が貸方残高の場合には，**当座借越勘定**（負債）への振替えを行い，翌期首には振戻処理を行います。なお，当座借越勘定を用いて処理しない場合には，**借入金勘定**（負債）に振り替えます。

・買掛金¥300,000を支払うため，仕入先に小切手を振り出した。なお，当座預金口座の残高は¥250,000であるが，銀行との間に借越限度額¥1,000,000の当座借越契約を結んでいる。

|(借)|買 掛 金|300,000|(貸)|当 座 預 金|300,000|

・決算日における当座預金勘定の残高は貸方¥50,000であり，当座借越勘定への振替処理を行った。

|(借)|当 座 預 金|50,000|(貸)|当 座 借 越|50,000|

・期首において，当座借越勘定の貸方残高¥50,000を当座預金勘定の貸方に振り戻した。

|(借)|当 座 借 越|50,000|(貸)|当 座 預 金|50,000|

5 **当座預金出納帳**は，当座預金の預入れと引出しの明細を記録する補助簿です。

6 複数の銀行預金口座を有している場合には，「普通預金○○銀行」などのように口座種別と銀行名などによる勘定科目を設定する場合があります。

・売掛金¥100,000について，得意先から日商銀行普通預金口座への振込みがあった。

|(借)|普 通 預 金 日 商 銀 行|100,000|(貸)|売 掛 金|100,000|

7 日常の少額の現金払い用の資金を小口現金として管理する場合，**小口現金勘定（資産）**を用いて処理します。定額資金前渡法（インプレスト・システム）を採用している場合には，支払額と同額の補給が定期的に行われます。

- 小口現金として，小切手￥1,000を振り出して小口現金係へ渡した。

（借）	小 口 現 金	1,000	（貸）	当 座 預 金	1,000

- 小口現金係から消耗品費￥500と旅費交通費￥300の支払報告を受け，ただちに同額の小切手を振り出して資金を補給した。

（借）	消 耗 品 費	500	（貸）	当 座 預 金	800
	旅 費 交 通 費	300			

なお，小口現金の支払報告と資金の補給が同時に行われず，区別して処理する場合には，次のようになります。

（支払報告の仕訳）	（借）	消 耗 品 費	500	（貸）	小 口 現 金	800
		旅 費 交 通 費	300			
（資金補給の仕訳）	（借）	小 口 現 金	800	（貸）	当 座 預 金	800

8 **小口現金出納帳**は，小口現金の補給と支払の明細を記録する補助簿です。次のように記入を行います。

小口現金を受け入れた時：受入欄（金額），日付欄，摘要欄（小切手受入れ）に記入します。

小口現金を支払った時：日付欄，摘要欄（支出内容），支払欄（金額），内訳欄（支出内容の費目分類）に記入します。

月末など締切日：支払欄および内訳欄を合計して，内訳欄を締め切ります。

　　　　　　　　同日に，支払報告と同時に資金の補給が行われる場合，支払合計の額と同額が補給されるため，それを受入欄に記入します。

　　　　　　　　受入合計と支払合計の差額により繰越額を求めて支払欄に記入し，受入欄と支払欄を合計して締め切ります。

問題 5-1 次の取引を仕訳し，現金出納帳に記入しなさい。月末に現金出納帳を締め切ること。なお，￥415,000の前月繰越がある。商品売買の記帳方法は3分法によること。

5月2日 大分商店へ商品￥42,000を売り渡し，代金は同店振出しの小切手で受け取った。

4日 郵便切手とハガキ￥5,500を購入し，現金で支払った。なお，これらはすぐに使用した。

8日 鹿児島商店へ商品売買の仲介手数料￥29,000を現金で支払った。

10日 熊本商店から商品￥116,000を仕入れ，代金のうち￥42,000は大分商店から受け取った小切手で支払い，残額は掛けとした。

13日 佐賀商店から商品￥89,000を仕入れ，代金は小切手を振り出して支払った。

18日 今月分の家賃￥94,000を現金で支払った。

28日 宮崎商店から売掛代金として送金小切手￥67,000を受け取った。

31日 従業員の給料￥120,000を現金で支払った。

	借 方 科 目	金 額	貸 方 科 目	金 額
5／2				
4				
8				
10				
13				
18				
28				
31				

現 金 出 納 帳

X1年	摘 要	収 入	支 出	残 高

問題 5-2　次の各取引について仕訳しなさい。

①(a)　現金の実際有高を調べたところ，帳簿残高より¥8,200少ないことがわかった。

　(b)　決算日において上記(a)の不足額の原因を調査したところ，通信費¥7,500の記入もれがあることがわかったが，残額については不明なので雑損として処理した。

②(a)　現金の実際有高を調べたところ，帳簿残高より¥6,000多いことがわかった。

　(b)　決算日において上記(a)の過剰額の原因を調査したところ，受取手数料¥4,500の記入もれがあることがわかったが，残額については不明なので雑益として処理した。

③　現金の実際有高が帳簿残高より¥46,000不足していたので，かねて現金過不足で処理しておいたが，決算日において原因を調べたところ，旅費交通費の支払額¥30,000，通信費の支払額¥19,000および手数料の受取額¥4,000が記入もれであることが判明した。なお，残額は原因不明のため，雑損または雑益として処理した。

④　かねて貸方計上した現金過不足¥3,000の原因を調査したところ，水道光熱費¥3,000の支払いが二重記帳されていることがわかった。

	借　方　科　目	金　　額	貸　方　科　目	金　　額
①(a)				
①(b)				
②(a)				
②(b)				
③				
④				

問題 **5-3**　次の一連の取引を仕訳しなさい。ただし，勘定科目は，最も適当と思われるものを選び，**記号で解答する**こと。なお，銀行とは借越限度額¥300,000の当座借越契約を結んでおり，現在，当座預金勘定の借方残高は¥60,000である。また，商品売買の記帳方法は3分法によること。

ア　現金　　　　イ　当座預金　　ウ　売掛金　　エ　買掛金

オ　当座借越　　カ　売上　　　　キ　仕入

① 商品¥90,000を仕入れ，代金は小切手を振り出して支払った。

② 得意先から，売掛金の代金として当座預金口座に¥55,000の振込みがあった。

③ 商品¥160,000を仕入れ，代金は小切手を振り出して支払った。

④ 売掛金¥15,000を得意先振出しの小切手で受け取り，当座預金口座に預け入れた。

⑤ 過去に受け取っていた送金小切手¥100,000を当座預金口座に預け入れた。

⑥ 決算日において，当座預金勘定の貸方残高を当座借越勘定に振り替えた。

	借　方　科　目	金　　額	貸　方　科　目	金　　額
①				
②				
③				
④				
⑤				
⑥				

問題 **5-4** 次の取引を仕訳し，当座預金出納帳に記入してこれを締め切りなさい。なお，6月1日現在￥80,000の当座預金勘定の借方残高があり，銀行とは借越限度額￥200,000の当座借越契約を結んでいる。商品売買の記帳方法は3分法によること。

6月3日　福島商店に対する買掛金￥90,000を小切手を振り出して支払った。

　　7日　秋田商店へ商品￥115,000を売り渡し，代金のうち￥55,000は同店振出しの小切手で受け取り，残額は掛けとした。なお，受け取った小切手は当座預金口座に預け入れた。

　　15日　青森商店から商品￥160,000を仕入れ，代金は小切手を振り出して支払った。

　　21日　秋田商店に対する売掛金￥60,000を送金小切手で受け取り，当座預金口座に預け入れた。

　　25日　岩手商店に対する売掛金￥130,000を同店振出しの小切手で回収した。なお，受け取った小切手は当座預金口座に預け入れた。

　　28日　今月分の家賃￥60,000を小切手を振り出して支払った。

	借 方 科 目	金　　額	貸 方 科 目	金　　額
6／3				
7				
15				
21				
25				
28				

当座預金出納帳

X1年	摘　　　　要	預　　入	引　　出	借または貸	残　　高

問題 5-5 次の各取引について仕訳しなさい。なお，仕訳に際しては，「普通預金 X 銀行」，「当座預金 Y 銀行」という勘定を用いることとする。

① X 銀行に普通預金口座を開設し，現金 ¥1,000,000 を預け入れた。

② Y 銀行に当座預金口座を開設し，現金 ¥800,000 を預け入れた。

③ 従業員への給料 ¥400,000 を X 銀行の普通預金口座から支払った。

④ Y 銀行の当座預金口座から買掛金 ¥230,000 を支払った。

⑤ X 銀行の普通預金口座に受取手数料の代金 ¥150,000 が振り込まれた。

⑥ X 銀行の普通預金口座から広告宣伝費 ¥120,000 を支払った。その際に，振込手数料が ¥300 かかり，同口座から差し引かれた。

	借 方 科 目	金 額	貸 方 科 目	金 額
①				
②				
③				
④				
⑤				
⑥				

問題 5-6 次の各取引にもとづいて，11月末における S 銀行の普通預金の口座残高と T 銀行の普通預金の口座残高を求めなさい。なお，11月 1 日現在における S 銀行の普通預金の口座残高は ¥1,830,000，T 銀行の普通預金の口座残高は ¥300,000 である。

11月 7 日　買掛金 ¥210,000 を S 銀行の普通預金口座から支払った。

　　12日　売掛金 ¥530,000 が S 銀行の普通預金口座に振り込まれた。

　　15日　T 銀行の普通預金口座から現金 ¥100,000 を引き出した。

　　18日　備品 ¥500,000 を購入し，代金は S 銀行の普通預金口座から支払った。

　　20日　家賃 ¥70,000 と通信費 ¥50,000 が T 銀行の普通預金口座から引き落とされた。

　　22日　手数料 ¥80,000 を現金で受け取り，T 銀行の普通預金口座に預け入れた。

　　24日　水道光熱費 ¥60,000 が T 銀行の普通預金口座から引き落とされた。

　　30日　S 銀行の普通預金口座から T 銀行の普通預金口座に ¥400,000 を振り込んだ。その際に，振込手数料 ¥200 が S 銀行の普通預金口座から引き落とされた。

　　　　　S 銀行の普通預金の口座残高　¥（　　　　　　　　　）

　　　　　T 銀行の普通預金の口座残高　¥（　　　　　　　　　）

次の各取引を仕訳しなさい。

7月1日　定額資金前渡制を採用し，少額の支払用資金として小切手￥150,000を振り出して小口現金係に渡した。

　31日　小口現金係から7月中の支払いについて次のような報告があったので，ただちに小切手を振り出して補給した。

　　　　旅費交通費　￥38,900　　　通　信　費　￥42,200　　　水道光熱費　￥32,600
　　　　雑　　　費　￥ 9,300

	借　方　科　目	金　　額	貸　方　科　目	金　　額
7／1				
31				

問題 5-8　次の各取引を小口現金出納帳に記入し，週末における締切りと週明けの小切手振出しによる資金補給に関する記入を行いなさい。なお，定額資金前渡制（インプレスト・システム）により，小口現金係は毎週月曜日に前週の支払いの報告をし，資金補給を受けている。

　　6月20日（月）　バス回数券　　　　　　　￥4,000
　　　21日（火）　事務用筆記用具　　　　　￥3,000
　　　22日（水）　タクシー代　　　　　　　￥6,800
　　　23日（木）　郵便切手　　　　　　　　￥5,300
　　　　〃　　　　菓子代　　　　　　　　　￥2,000
　　　24日（金）　交通系ICカード入金　　　￥1,000
　　　25日（土）　コピー用紙　　　　　　　￥3,500

小口現金出納帳

受　　入	X1年		摘　　要	支　　払	内 訳 旅費交通費	通信費	消耗品費	雑　費
7,300	6	20	前 週 繰 越					
22,700		〃	本 日 補 給					
			合　　計					
			次 週 繰 越					
	6	27	前 週 繰 越					
		〃	本 日 補 給					

第6章
繰越商品・仕入・売上

学習のポイント

1　商品売買の処理において，**仕入勘定**（費用），**売上勘定**（収益）および**繰越商品勘定**（資産）の３つを用いる記帳方法を**3分法**といいます。商品仕入時は仕入勘定で，売上時（売価）は売上勘定で処理します。

2　仕入にともなう諸費用（仕入諸掛）は，商品の仕入原価に含めて仕入勘定で処理します。

  ・商品¥500を掛けで仕入れ，仕入諸掛¥30は現金で支払った。

（借）仕 入	530	（貸）買 掛 金	500
		現 金	30

3　売上の際に発送費を支払った場合，発送費として費用処理します。

  ・商品¥800を掛け売りし，当社負担の発送費¥50を現金で支払った。

（借）売 掛 金	800	（貸）売 上	800
（借）発 送 費	50	（貸）現 金	50

  ・商品¥900を売り渡し，先方負担の送料¥20を含めた合計額を掛けとした。また，同時に配送業者へこの商品を引き渡し，送料¥20を現金で支払った。

（借）売 掛 金	920	（貸）売 上	920
（借）発 送 費	20	（貸）現 金	20

4　仕入取引，売上取引において返品が行われた場合は，それぞれの勘定を減少させる処理（反対仕訳）を行います。

  ・掛けで商品¥2,000を仕入れていたが，このうち¥100が品違いであったため返品した。

（借）買 掛 金	100	（貸）仕 入	100

  ・掛けで商品¥3,000を販売していたが，このうち¥200が品質不良のため返品を受けた。

（借）売 上	200	（貸）売 掛 金	200

5　**仕入帳・売上帳**は，商品の仕入取引・売上取引の明細を記録するための補助簿です。また，商

品有高帳は，商品の増減および残高の明細を記録するための補助簿です。

6 　商品の払出単価の算定方法には，**先入先出法，移動平均法**などがあります。先入先出法は，先に仕入れた商品から先に払い出される（販売する）という仮定にもとづいて払出単価を決定します。移動平均法は，単価が異なる商品を仕入れたつど，その仕入直前の残高と仕入金額の合計額を仕入直前の残高の数量と仕入数量の合計数量で割って平均単価を算定し，これをその後の売上商品の払出単価とする方法です。

7 　決算において，期首商品棚卸高（繰越商品勘定の決算前残高）は繰越商品勘定から仕入勘定に振り替えられ，期末商品棚卸高（商品有高帳の期末残高）は仕入勘定から繰越商品勘定に振り替えられます。この決算整理手続によって，仕入勘定で**売上原価**が計算されることになります。

・決算において，繰越商品勘定の残高は¥1,000，期末商品棚卸高は¥1,300であった。なお，売上原価の計算は仕入勘定を用いて行うこと。

（借）	仕 　　　　入	1,000	（貸）	繰 越 商 品	1,000
（借）	繰 越 商 品	1,300	（貸）	仕 　　　　入	1,300

※仕入勘定に上記の決算処理が転記されると，仕入れの金額を表していた仕入勘定が売上原価（商品販売分の原価）に修正され，純売上高から売上原価を差し引くことで商品販売による利益（売上総利益）を計算することができます。なお，売上総利益とは，純売上高から売上原価を差し引いた金額を表す名称です。

・上記において，売上原価の計算は売上原価勘定を用いて行うという指示がある場合
（なお，仕入勘定の決算前残高は¥15,000である。）

（借）	売 上 原 価	1,000	（貸）	繰 越 商 品	1,000	（期首商品）
（借）	売 上 原 価	15,000	（貸）	仕 　　　　入	15,000	（純仕入高）
（借）	繰 越 商 品	1,300	（貸）	売 上 原 価	1,300	（期末商品）

8 　3分法においては，**売上総利益**（商品売買により生じた利益）を次のように計算します。

売上総利益＝純売上高－売上原価

売上原価＝期首商品棚卸高（繰越商品勘定の決算前残高）＋当期商品仕入高（純仕入高）
**　　　　　－期末商品棚卸高**

問題 **6-1** 次の各取引を仕訳し，仕入勘定と売上勘定に転記しなさい。なお，商品売買に関する記帳方法は3分法によること。

8月2日 岐阜商店へ商品￥62,000を売り渡し，代金は掛けとした。なお，当社負担の発送費￥1,500を現金で支払った。

5日 長野商店から商品￥89,000を仕入れ，代金は掛けとした。

10日 福井商店から商品￥140,000を仕入れ，代金は掛けとした。なお，引取運賃（当社負担）￥8,000を現金で支払った。

11日 福井商店から仕入れた商品のうち￥7,000を品質不良のため返品し，掛代金から差し引いた。

15日 山梨商店へ商品￥93,000を売り渡し，代金のうち￥60,000は同店振出しの小切手で受け取り，残額は掛けとした。

28日 山梨商店へ売り渡した商品のうち￥5,000が品違いのため返品され，掛代金から差し引いた。

30日 静岡商店へ商品￥77,000（先方負担の送料￥2,000込み）を売り渡し，代金は掛けとした。また，同時に配送業者へこの商品を引き渡し，送料￥2,000を現金で支払った。

	借 方 科 目	金 額	貸 方 科 目	金 額
8／2				
5				
10				
11				
15				
28				
30				

仕 入		売 上	

問題 **6-2** 次の各取引を仕訳し，仕入帳と売上帳に記入して締め切りなさい。なお，商品売買に関する記帳方法は3分法によること。

9月3日　茨城商事から商品￥600,000（A型電話機15台@￥18,000，B型電話機15台@￥22,000）を掛けで仕入れた。なお，引取運賃（当社負担）￥6,000を現金で支払った。

　　6日　3日に仕入れた商品のうち，不良品￥36,000（A型電話機2台@￥18,000）を返品した。

　　12日　栃木商店へ商品￥168,000（B型電話機6台@￥28,000）を売り渡し，代金のうち￥120,000は同店振出しの小切手で受け取り，残額は掛けとした。

　　16日　群馬商事から商品￥300,000（C型電話機12台@￥25,000）を掛けで仕入れた。なお，引取運賃（当社負担）￥5,500は小切手を振り出して支払った。

　　18日　12日に栃木商店へ売り上げた商品のうち￥28,000（B型電話機1台@￥28,000）が返品された。

　　27日　埼玉商店へ商品￥463,000（A型電話機8台@￥23,000，C型電話機9台@￥31,000）を掛けで売り渡した。

	借　方　科　目	金　　額	貸　方　科　目	金　　額
9／3				
6				
12				
16				
18				
27				

仕　入　帳

X1年	摘　　要	内　訳	金　額

売　上　帳

X1年	摘　　要	内　訳	金　額

問題 6-3　次の資料にもとづいて，①先入先出法と②移動平均法による商品有高帳の記入を示しなさい。なお，商品有高帳の数量欄の単位はダースとする。

1月9日　仕入　30ダース　@¥300

　　16日　売上　40ダース　@¥500

　　21日　仕入　40ダース　@¥250

　　29日　売上　30ダース　@¥450

商　品　有　高　帳

① 先入先出法　　　　　　　ボールペン

X1年		摘　要	受　入			払　出			残　高		
			数量	単価	金　額	数量	単価	金　額	数量	単価	金　額
1	1	前期繰越	30	320	9,600				30	320	9,600

② 移動平均法

X1年		摘　要	受　入			払　出			残　高		
			数量	単価	金　額	数量	単価	金　額	数量	単価	金　額
1	1	前期繰越	30	320	9,600				30	320	9,600

問題 **6-4** 次の資料にもとづいて，先入先出法による①商品有高帳の記入を示し（帳簿の締切りも行うこと），②3月中の売上高，売上原価および売上総利益を計算しなさい。

3月1日　前月繰越　12脚　@¥23,000

　　3日　仕　　入　5脚　@¥23,000

　　15日　仕　　入　4脚　@¥24,500

　　17日　売　　上　19脚　@¥42,000（売価）

　　26日　仕　　入　4脚　@¥25,000

　　28日　売　　上　3脚　@¥43,000（売価）

商 品 有 高 帳

（先入先出法）　　　　　　　　　　事務用チェア

X1年	摘　要	受　　入			払　　出			残　　高		
		数量	単価	金　額	数量	単価	金　額	数量	単価	金　額

売　　上　　高	売　上　原　価	売　上　総　利　益
¥	¥	¥

44

問題 6-5 次の仕入帳と売上帳にもとづいて，移動平均法により商品有高帳に記入し，4月中の売上原価と売上総利益を計算するため下記の（　　）内に適当な金額を記入しなさい。なお，商品有高帳の締切りを行う必要はない。

仕　入　帳

X1年	摘　　　要			金　　額
4	7	奈良商店　紳士靴　60足	@¥7,000	420,000
	18	兵庫商店　紳士靴　80足	@¥7,200	576,000

売　上　帳

X1年	摘　　　要			金　　額
4	14	京都商店　紳士靴　80足	@¥9,000	720,000
	24	大阪商店　紳士靴　60足	@¥9,500	570,000

商　品　有　高　帳

（移動平均法）　　　　　　　　　　　紳　士　靴

X1年	摘　要	受　　入			払　　出			残　　高		
		数量	単価	金　額	数量	単価	金　額	数量	単価	金　額
4 1	前月繰越	40	6,000	240,000				40	6,000	240,000

売上原価の計算		**売上総利益の計算**	
月初商品棚卸高	（　　　　　　）	売　上　高	（　　　　　　）
当月商品仕入高	（　　　　　　）	売　上　原　価	（　　　　　　）
合　　計	（　　　　　　）	売　上　総　利益	（　　　　　　）
月末商品棚卸高	（　　　　　　）		
売　上　原　価	（　　　　　　）		

第 7 章
売掛金と買掛金

学習のポイント

1 **売掛金**は商品を掛けで売り渡したときに発生する債権であり，**買掛金**は商品を掛けで仕入れたときに発生する債務です。

2 売掛金および買掛金の明細記録のために用いられる商店名などの勘定を**人名勘定**といいます。人名勘定を統括する売掛金・買掛金などの勘定を**統制勘定**といいます。

統　制　勘　定	人　名　勘　定	
売　掛　金	東　京　商　店	千　葉　商　店
1,000	600	400

3 **売掛金元帳**（または**得意先元帳**）・**買掛金元帳**（または**仕入先元帳**）は，総勘定元帳の売掛金勘定・買掛金勘定の明細を明らかにするための補助簿（補助元帳）です。

4 得意先ごとの売掛金残高をまとめた明細表を**売掛金明細表**といい，仕入先ごとの買掛金残高をまとめた明細表を**買掛金明細表**といいます。

売掛金明細表		買掛金明細表	
東京商店	600	静岡商店	350
千葉商店	400	愛知商店	200
合計	1,000	合計	550

5 クレジットカード利用による代金決済方法で商品を販売したときは，信販会社（カード会社）に対する債権として**クレジット売掛金勘定**（資産）を用いて処理します。

・店頭における本日の売上高は¥120,000であり，代金のうち¥20,000は現金，残額はクレジットカード利用による決済であった。クレジットカード決済額については，決済額に対して3％の手数料が差し引かれた残額を通常の売掛金とは区別して計上している。

（借）現　　　　　金　20,000　（貸）売　　　　　上　120,000
　　　クレジット売掛金　97,000
　　　支 払 手 数 料　　3,000

・当月に計上されたクレジット売掛金（信販会社に対する債権）は¥3,270,000であり，そのうち月内に締日を迎えている¥1,840,000につき本日入金日となり，信販会社から当社の普通預金口座への振込みがあった。

　　　（借）普 通 預 金　1,840,000　（貸）クレジット売掛金　1,840,000

6 商品の売買契約に際して仕入取引が行われる前に代金の一部として仕入先に支払った手付金は

前払金勘定（資産）で，売上取引が行われる前に顧客から受け取った手付金は**前受金勘定（負債）**で処理します。前払金，前受金は仕入取引や売上取引が行われた際に，代金の一部として充当されます。

問題 **7-1** 次の各取引について仕訳しなさい。なお，商品売買の記帳方法は3分法によること。

5月3日 愛媛商店から商品¥360,000を仕入れ，代金のうち¥80,000は小切手を振り出して支払い，残額は掛けとした。

5日 山口商店へ商品¥125,000を売り渡し，代金は掛けとした。なお，当社負担の発送費¥6,000を現金で支払った。

9日 徳島商店から商品¥410,000を仕入れ，代金は掛けとした。なお，引取運賃（当社負担）¥7,500は現金で支払った。

11日 9日に仕入れた商品のうち¥35,000は品違いであったため返品した。

16日 香川商店へ商品¥180,000を売り渡し，代金は掛けとした。

25日 広島商店に対する売掛金¥175,000を送金小切手で回収した。

	借 方 科 目	金 額	貸 方 科 目	金 額
5／3				
5				
9				
11				
16				
25				

問題 **7-2** 次の各取引について人名勘定を用いて仕訳しなさい。なお，商品売買の記帳方法は3分法によること。

6月4日 天神商店から商品¥235,000を掛けで仕入れ，当社負担の仕入諸掛¥8,500を現金で支払った。

16日 赤坂商店へ商品¥76,000を掛けで売り渡した。

28日 天神商店に対する買掛金¥235,000を，小切手を振り出して支払った。

30日 赤坂商店に対する売掛金¥76,000を回収し，同額が普通預金口座に振り込まれた。

	借 方 科 目	金 額	貸 方 科 目	金 額
6／4				
16				
28				
30				

問題 7-3 次の各取引を売掛金元帳（新宿商店）に記入し，7月31日付で締め切りなさい。

7月1日 売掛金の前月繰越高は￥300,000（池袋商店￥130,000，新宿商店￥170,000）である。

5日 池袋商店に￥25,000，新宿商店に￥35,000の商品を掛けで販売した。

14日 新宿商店に対する売掛金のうち￥150,000を同店振出しの小切手で回収した。

19日 新宿商店に商品￥45,000を掛けで販売した。

26日 19日に販売した商品のうち￥3,000が返品され，掛代金から差し引いた。

売 掛 金 元 帳
新宿商店　　　　　　　　　　　　　　　　5

X1年		摘　　　　要	借　　方	貸　　方	借また は貸	残　　高
7	1	前 月 繰 越				
	5					
	14	入　　　　金				
	19	売　　　　上				
	26			3,000		
	31	次 月 繰 越				
8	1					

問題 7-4 次の各取引を買掛金元帳（鳥取商店）に記入し，9月30日付で締め切りなさい。

9月1日 買掛金の前月繰越高は￥400,000である。なお，その内訳は，島根商店￥150,000，鳥取商店￥250,000である。

7日 島根商店および鳥取商店から商品をそれぞれ￥180,000ずつ仕入れ，代金は掛けとした。

8日 前日に鳥取商店から仕入れた商品のうち￥90,000は，品違いであったので返品した。なお，代金は同店に対する買掛金から差し引いた。

18日 鳥取商店から商品￥160,000を仕入れ，代金は掛けとした。

29日 島根商店に対する買掛金のうち￥250,000，鳥取商店に対する買掛金のうち￥350,000をそれぞれ小切手を振り出して支払った。

買 掛 金 元 帳
鳥取商店

X1年		摘　　要	借　　方	貸　　方	借また は貸	残　　高
9	1	前 月 繰 越				
10	1					

問題 7−5 次の各取引について仕訳しなさい。なお，商品売買の記帳方法は３分法によること。

① 商品￥550,000を仕入れ，代金のうち￥200,000は以下の小切手を振り出し，残額は掛けとした。

② 商品￥620,000を売り渡し，代金として以下の小切手を受け取った。

③ 宇都宮商店に商品を売り上げ，品物とともに次の納品書兼請求書を発送し，代金の全額を掛代金として処理した。

<table>
<tr><td colspan="4" align="center">納品書兼請求書</td><td>X8年3月1日</td></tr>
</table>

納品書兼請求書　　　　　　　X8年3月1日

宇都宮商店　御中

株式会社常陸商事

品名	数量	単価	金額
A商品	20	300	￥ 6,000
B商品	10	400	￥ 4,000
C商品	30	600	￥18,000
合計			￥28,000

X8年3月31日までに合計額を下記口座へお振り込み下さい。
××銀行常陸支店　普通　1234567　カ）ヒタチシヨウジ

④ 金沢商店に対する1カ月分の売上（月末締め，翌月20日払い）を集計して次の請求書を発送した。なお，金沢商店に対する売上については，商品発送時ではなく1カ月分をまとめて仕訳している。

請求書　　　　　　　X8年5月31日

金沢商店　御中

株式会社富山食品

品名	数量	単価	金額
X商品	450	120	￥ 54,000
Y商品	230	380	￥ 87,400
Z商品	135	600	￥ 81,000
合計			￥222,400

X8年6月30日までに合計額を下記口座へお振り込み下さい。
○○銀行富山支店　当座　8765432　カ）トヤマシヨクヒン

	借方科目	金　額	貸方科目	金　額
①				
②				
③				
④				

問題 7-6 次の各取引について仕訳しなさい。ただし，勘定科目は，最も適当と思われるものを選び，**記号で解答すること**。なお，商品売買の記帳方法は３分法によること。

ア 現金	イ 普通預金	ウ クレジット売掛金	エ 売上
オ 受取手数料	カ 仕入	キ 支払手数料	ク 支払利息

① 商品¥500,000をクレジット払いの条件で販売した。なお，信販会社への手数料（販売代金の３％）は，販売時に計上する。

② 上記①の販売代金について，信販会社から手数料を差し引かれた残額が当社の普通預金口座に振り込まれた。

③ 沖縄食品株式会社の売上の集計結果は次のとおりであり，合計額のうち¥36,900は現金による決済，残額はクレジットカードによる決済であった。なお，信販会社への手数料として，クレジット決済額の４％を計上する。

売上集計表

X9年３月30日

品名	数量	単価	金額
商品A	90	280	¥25,200
商品B	145	120	¥17,400
商品C	34	450	¥15,300
		合計	¥57,900

	借 方 科 目	金 額	貸 方 科 目	金 額
①				
②				
③				

問題 7-7　次の【資料】にもとづいて，8月末の売掛金明細表と買掛金明細表を作成しなさい。

【資料】　X1年8月26日から31日までの取引

8月26日　売上：現金¥30,000　掛け（福岡商店）¥75,000
　　　　　仕入：掛け（宮崎商店）¥150,000

27日　売上：現金¥22,500　掛け（大分商店）¥90,000
　　　仕入：掛け（熊本商店）¥225,000
　　　売掛金を次のように小切手で回収し，当座預金口座に預け入れた。
　　　　福岡商店　¥600,000　　大分商店　¥450,000　　佐賀商店　¥300,000

28日　本日休業

29日　売上：現金¥37,500　掛け（佐賀商店）¥60,000
　　　仕入：掛け（長崎商店）¥120,000
　　　買掛金を次のように小切手を振り出して支払った。
　　　　宮崎商店　¥450,000　　熊本商店　¥750,000　　長崎商店　¥300,000

30日　売上：現金¥34,500　掛け（福岡商店）¥82,500
　　　仕入：掛け（熊本商店）¥75,000

31日　売上：現金¥30,000　掛け（大分商店）¥45,000

売掛金明細表

	8月25日	8月31日
福岡商店	¥ 750,000	¥
大分商店	600,000	
佐賀商店	300,000	
	¥ 1,650,000	¥

買掛金明細表

	8月25日	8月31日
宮崎商店	¥ 750,000	¥
熊本商店	1,050,000	
長崎商店	525,000	
	¥ 2,325,000	¥

問題 7−8　当社の10月の買掛金に関する取引の記録は，次のとおりである。空欄①〜⑧に入る適切な金額または勘定科目を答えなさい。商品売買の記帳方法は３分法によっている。なお，当社の仕入先は北陸商店と東海商店だけである。

買　掛　金

10/ 9 （ ① ） （　　　　）	10/ 1　前月繰越　270,000
15　当座預金 （ ② ）	7 （　　）（ ④ ）
25 （　　） （ ③ ）	20 （　　）　140,000
31　次月繰越 （　　　　）	
（　　　　）	（　　　　）

買　掛　金　元　帳

北陸商店

10/ 9 返　品　4,000	10/ 1 前月繰越　108,000
15 支　払　314,000	7 仕　入　260,000
31 次月繰越（ ⑤ ）	
（　　　）	（　　　）

東海商店

10/15 支　払（ ⑥ ）	10/ 1 前月繰越 （ ⑦ ）
25 返　品　3,000	20 仕　入 （ ⑧ ）
31 次月繰越　187,000	
（　　　）	（　　　）

①	②	③	④
⑤	⑥	⑦	⑧

問題 **7−9**　次の取引の仕訳を，当社と群馬商店の両方について示しなさい。なお，商品売買の記帳方法は3分法によること。

① 当社は，2週間後に群馬商店から商品¥200,000を購入する契約を締結し，手付金として現金¥50,000を支払った。

② 当社は，群馬商店から上記①の商品¥200,000を仕入れ，手付金との差額は現金で支払った。なお，引取運賃（当社負担）¥4,000を現金で運送業者に支払った。

		借 方 科 目	金　　　額	貸 方 科 目	金　　　額
当社	①				
	②				
群馬商店	①				
	②				

問題 **7−10**　次の各取引について仕訳しなさい。ただし，勘定科目は，最も適当と思われるものを選び，**記号で解答する**こと。なお，商品売買の記帳方法は3分法によること。

　　　ア　現金　　　イ　売掛金　　　ウ　前払金　　　エ　買掛金
　　　オ　前受金　　　カ　売上　　　キ　仕入　　　ク　発送費

① 九州商店に商品¥180,000を売り上げ，代金のうち¥30,000は注文時に受け取った手付金と相殺し，残額は掛けとした。

② 関東商店に注文していた商品¥500,000が到着した。商品代金のうち20％は手付金としてあらかじめ支払い済みであるため相殺し，残額は掛けとした。なお，商品の引取運賃¥3,000は着払い（当社負担）となっているため，運送業者に現金で支払った。

③ 東北商店に商品¥450,000を売り上げ，代金については注文時に受け取った手付金¥50,000と相殺し，残額は掛けとした。なお，当社負担の発送費¥1,500は現金で支払った。

	借 方 科 目	金　　　額	貸 方 科 目	金　　　額
①				
②				
③				

第**8**章

その他の債権と債務

学習のポイント

1　金銭の貸し借りによって生じた債権・債務は，それぞれ**貸付金勘定**（資産）・**借入金勘定**（負債）で処理します。貸付金・借入金から生じた利息は，それぞれ**受取利息勘定**（収益）・**支払利息勘定**（費用）で処理します。なお，会社内部の従業員や役員に対する貸付金は**従業員貸付金勘定**（資産）や**役員貸付金勘定**（資産）で，役員からの借入金は**役員借入金勘定**（負債）で処理します。

- 取引先に現金￥1,000を貸し付けた。

    （借）貸　付　金　　1,000　（貸）現　　　　金　　1,000

- 取引先から現金￥2,000を借り入れた。

    （借）現　　　　金　　2,000　（貸）借　入　金　　2,000

2　商品の売買など営業活動の主目的な取引から生じた債権・債務は，それぞれ売掛金勘定・買掛金勘定で処理しますが，主目的でない取引から生じた債権・債務は，それぞれ**未収入金勘定**（資産）・**未払金勘定**（負債）で処理します。

- 備品￥200を売却し，代金は後日受け取ることとした。

    （借）未　収　入　金　　200　（貸）備　　　品　　　200

- 備品￥400を購入し，代金は後日支払うこととした。

    （借）備　　　品　　　400　（貸）未　払　金　　　400

3　取引先や従業員などのために一時的に金銭の立替払いをしたときは，**立替金勘定**（資産）で処理します。一時的に金銭を預かったときは，**預り金勘定**（負債）で処理します。なお，これらのうち，取引先など社外に対するものと従業員に対するものを区別する場合には，**従業員立替金勘定**（資産）や**従業員預り金勘定**（負債）で処理し，従業員などの給料から天引きして会社が後日まとめて納付する所得税，住民税や社会保険料は，それぞれ**所得税預り金勘定**（負債），**住民税預り金勘定**（負債），**社会保険料預り金勘定**（負債）で処理します。また，社会保険料は従業員など本人による負担のほか，法律の規定により会社の負担が義務付けられており，会社負担分の支出は**法定福利費**（費用）として費用計上します。

- 従業員に対する給料支給総額は￥1,000,000であり，所得税の源泉徴収額￥54,000，住民税の源泉徴収額￥68,000および社会保険料本人負担分￥86,000を預かり，残額を普通預金口座から振り込んで支払った。

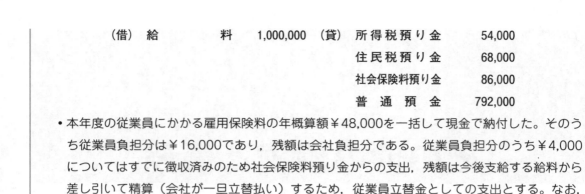

（借）給 料	1,000,000	（貸）所得税預り金	54,000
		住民税預り金	68,000
		社会保険料預り金	86,000
		普通預金	792,000

- 本年度の従業員にかかる雇用保険料の年概算額￥48,000を一括して現金で納付した。そのうち従業員負担分は￥16,000であり，残額は会社負担分である。従業員負担分のうち￥4,000についてはすでに徴収済みのため社会保険料預り金からの支出，残額は今後支給する給料から差し引いて精算（会社が一旦立替払い）するため，従業員立替金としての支出とする。なお，会社負担額は法定福利費として費用計上する。

（借）法定福利費	32,000	（貸）現 金	48,000
社会保険料預り金	4,000		
従業員立替金	12,000		

4 　現金の受入れや支払いはあったものの，その時点ではその内容または金額を確定できないときは，それぞれ一時的に**仮受金勘定**（負債）・**仮払金勘定**（資産）で処理します。後日，その内容または金額が確定したときに該当する勘定へ振り替えます。

- 出張中の従業員から内容不明の入金￥500が普通預金口座にあった。

| （借）普通預金 | 500 | （貸）仮受金 | 500 |

- さきに受け取った内容不明の入金￥500は，得意先からの手付金の受取りと判明した。

| （借）仮受金 | 500 | （貸）前受金 | 500 |

- 従業員に対する旅費の概算額として現金￥200を支払った。

| （借）仮払金 | 200 | （貸）現金 | 200 |

- 出張旅費の精算を行い，概算払額￥200のうち￥190が使用され，残額は現金で返金された。

| （借）旅費交通費 | 190 | （貸）仮払金 | 200 |
| 現金 | 10 | | |

- IC カードへ現金￥500を入金（チャージ）し，入金額を仮払金に計上した。

| （借）仮払金 | 500 | （貸）現金 | 500 |

- 旅費交通費￥100を IC カードで支払った。

| （借）旅費交通費 | 100 | （貸）仮払金 | 100 |

5 　他社や自治体などが発行した商品券を売上の代金として受け取ったときは**受取商品券勘定**（資産）の借方に記入し，回収などの決済を行ったときは貸方に記入を行います。

- 商品￥50,000を売り渡し，代金のうち￥40,000は A 市が発行した商品券で，残額は現金で受け取った。

| （借）受取商品券 | 40,000 | （貸）売上 | 50,000 |
| 現金 | 10,000 | | |

- 売上代金として受け取った A 市発行商品券￥40,000の決済を請求し，同額が東商銀行に保有する普通預金口座に入金された。なお，当社は銀行口座別の普通預金勘定を設定している。

| （借）普通預金東商銀行 | 40,000 | （貸）受取商品券 | 40,000 |

6 　土地や建物などの賃貸借契約にあたり，敷金などの名目で差し入れる保証金は**差入保証金勘定**

（資産）で処理します。

- 新規出店にあたり，１カ月当たり¥150,000の賃借料とする不動産の賃貸借契約を結び，敷金および不動産業者への仲介手数料としてそれぞれ賃借料の１カ月分を，さらに翌月からの賃借料半年分を合わせて普通預金口座から振り込んだ。なお，振込時にかかる手数料¥440は当社負担とされ，不動産の賃借料は支払家賃勘定で処理する。

（借）	差 入 保 証 金	150,000	（貸）	普 通 預 金	1,200,440
	支 払 手 数 料	150,440			
	支 払 家 賃	900,000			

- 賃貸借契約の期間満了にあたり，不動産の賃貸借契約を解約し，敷金¥150,000から当社負担の修繕費¥50,000を差し引かれた残額が普通預金口座に振り込まれた。

| （借） | 修 繕 費 | 50,000 | （貸） | 差 入 保 証 金 | 150,000 |
| | 普 通 預 金 | 100,000 | | | |

問題 8-1 次の一連の取引の仕訳を，当社・宮城商店の両方について示しなさい。

① 当社は，宮城商店に対して¥4,000,000を，期間６カ月，利率年4.5%の条件で貸し付け，借用証書と引換えに，小切手を振り出して同店に渡した。

② 満期日になり，当社は宮城商店から貸付金の回収とともにその利息（月割計算）を同店振出しの小切手で受け取り，借用証書を返却した。なお，当社は，受け取った小切手を当座預金口座に預け入れた。

		借 方 科 目	金 額	貸 方 科 目	金 額
当社	①				
	②				
宮城商店	①				
	②				

問題 8-2 次の各取引について仕訳しなさい。

① 取引銀行から借り入れていた¥500,000の支払期日が到来したため，元利合計を当座預金口座から返済した。なお，借入利率は年1.8%，借入期間は10カ月間であり，利息は月割計算する。

② 当社は，難波商店に期間３カ月，年利率２％で¥600,000を貸し付けていたが，本日満期日のため利息とともに当社の普通預金口座に振り込まれた。

③ 取引銀行から借り入れていた¥1,460,000の支払期日が到来したため，元利合計を当座預金口座から返済した。なお，借入利率は年３％，借入期間は100日間であり，利息は１年を365日として日割計算する。

④ 当社の専務取締役Ｋ氏に¥2,000,000を貸し付け，当社の普通預金口座からＫ氏の普通預金口

座に振り込んだ。ただし，その重要性を考慮して貸付金勘定ではなく，役員貸付けであることを明示する勘定を用いることとした。なお，貸付期間は6カ月，利率は年0.6％であり，利息は元金とともに受け取る条件となっているため，利息は受取時に計上する。

⑤ 上記④の満期日になり，K氏から元利合計（利息は月割計算）が普通預金口座に振り込まれた。

	借 方 科 目	金 額	貸 方 科 目	金 額
①				
②				
③				
④				
⑤				

問題 8-3 次の一連の取引の仕訳を，当社・福島商会の両方について示しなさい。なお，商品売買の記帳方法は3分法によること。

① 家具販売業を営む当社は，自動車販売業を営む福島商会から家具運搬用の小型トラック2台を1台当たり¥1,500,000で購入し，代金のうち半額は小切手を振り出して支払い，残額は翌月末に支払うこととした。なお，福島商会は，受け取った小切手を当座預金口座に預け入れた。

② 翌月末にあたり，当社は，上記①のトラック購入代金の支払いとして，福島商会に¥1,500,000の小切手を振り出した。

③ 当社は，家具運搬用の小型トラック1台が不用になったため，¥300,000（帳簿価額）で福島商会に売却し，代金は本月末に受け取ることにした（売却により売却損益は生じない）。

		借 方 科 目	金 額	貸 方 科 目	金 額
当社	①				
	②				
	③				
福島商会	①				
	②				
	③				

問題 8-4　次の各取引について仕訳しなさい。

① 従業員の家庭用品購入代金 ¥80,000 を立て替えて，現金で支払った。

② 本月分の従業員給料総額 ¥800,000 の支払いに際して，所得税の源泉徴収額 ¥40,000，従業員負担の社会保険料 ¥100,000 および従業員に立替払いしていた ¥80,000 を差し引いた残額を当座預金口座から各従業員の預金口座に振り込んだ。

③ 前月の従業員給料から差し引いた所得税の源泉徴収額 ¥40,000 を，税務署に現金で納付した。

	借　方　科　目	金　　　額	貸　方　科　目	金　　　額
①				
②				
③				

問題 8-5　次の各取引について仕訳しなさい。

① 従業員に対する給料 ¥800,000 の支給に際して，所得税の源泉徴収分 ¥35,000，住民税の源泉徴収分 ¥44,000 および健康保険・厚生年金・雇用保険の社会保険料合計 ¥100,000 を控除し，当社の普通預金口座から従業員の銀行口座へ振り込んだ。

② 本年度の従業員にかかる雇用保険料 ¥72,000 を一括で現金納付した。このうち従業員負担分は ¥24,000（月額相当額 ¥2,000）であり，残額は当社負担分である。従業員負担分については，4月から6月までの3カ月分は，毎月の給料から月額相当額を差し引いて支給しているが，7月以降の9カ月分については，いったん会社が立て替えて支払い，その後の毎月の給料から精算することとしている。

	借　方　科　目	金　　　額	貸　方　科　目	金　　　額
①				
②				

問題 8-6 次の各取引について仕訳しなさい。ただし，勘定科目は，最も適当と思われるものを選び，**記号で解答する**こと。

ア	現金	イ	当座預金	ウ	普通預金	エ	売掛金	オ	前払金
カ	貸付金	キ	仮払金	ク	買掛金	ケ	前受金	コ	借入金
サ	仮受金	シ	旅費交通費	ス	消耗品費				

① 従業員の出張にあたり，旅費交通費の概算額￥120,000を現金で前渡しした。

② 出張中の従業員から，内容の特定できない￥600,000が当座預金口座へ振り込まれた。

③ 従業員が出張から帰社し，上記②の振込額の内訳は，売掛金の回収￥350,000，商品注文の手付金￥150,000，貸付金の回収￥100,000であることが判明した。

④ 従業員が帰社したので，旅費交通費の精算を行い，上記①の残額￥4,000を現金で受け取った。

⑤ 事業用のICカードに￥3,000を現金によりチャージ（入金）した。当社は，チャージ時に仮払金で処理し，使用時に適切な勘定科目に振り替えている。

⑥ 従業員が，上記⑤のICカードを使って，電車代￥400と文房具代（消耗品費）￥380を支払った。

	借 方 科 目	金 額	貸 方 科 目	金 額
①				
②				
③				
④				
⑤				
⑥				

問題 8-7　次の各取引について仕訳しなさい。

① 従業員の出張にあたり，旅費交通費の概算額￥20,000を現金で渡していたが，本日，帰社したため旅費交通費の精算を行い，残額￥1,300を現金で受け取った。

② かねて普通預金口座に振込みがあった￥100,000の詳細が不明であったため仮受金で処理していたが，本日，その内容は仙台商店に対する売掛金の回収であることが判明した。

③ 従業員が出張から戻り，旅費交通費の残額￥3,200と得意先で契約した商品販売に係る手付金￥45,000を現金で受け取った。なお，出張にあたって，従業員には旅費交通費の概算額￥25,000を現金で渡していた。

④ 営業活動で利用するICカードに現金￥10,000を入金（チャージ）し，領収書の発行を受けた。なお，入金時には仮払金勘定で処理している。

⑤ 上記④のICカードで旅費交通費￥1,300と消耗品費￥800を支払ったので，仮払金勘定から適切な勘定科目に振り替えた。

	借　方　科　目	金　　額	貸　方　科　目	金　　額
①				
②				
③				
④				
⑤				

問題 8-8　次の各取引について仕訳しなさい。

① 商品￥75,000を販売し，代金のうち￥50,000はA社が発行した商品券で受け取り，残額は現金で受け取った。

② 上記①の商品券￥50,000の決済を請求し，同額が普通預金口座に振り込まれた。

③ 商品￥80,000を販売し，代金のうち￥30,000はZ市が発行した商品券で受け取り，残額はクレジット払いとした。なお，信販会社への手数料として，クレジット決済額の2％を計上する。

	借　方　科　目	金　　額	貸　方　科　目	金　　額
①				
②				
③				

問題 8-9 次の各取引について仕訳しなさい。ただし，勘定科目は，最も適当と思われるものを選び，**記号で解答すること**。

　　　ア　普通預金　　　イ　建物　　　　ウ　差入保証金
　　　エ　支払手数料　　オ　支払家賃　　カ　修繕費

① 事務所用としてビルの3階部分を1カ月当たり¥260,000で賃借する契約を不動産会社と締結した。なお，契約にさいして，敷金（保証金）¥520,000と仲介手数料¥260,000を普通預金口座から支払った。

② 上記①の契約にもとづいて，当月分の家賃¥260,000を普通預金口座から支払った。

③ 不動産会社から賃借していた建物の賃貸借契約を解約し，契約時に支払っていた敷金（保証金）¥150,000について，修繕にかかった費用¥82,000を差し引かれた残額が普通預金口座に振り込まれた。

④ 事務所の賃貸借契約を締結し，下記の振込依頼書どおりに普通預金口座から振り込んだ。

振込依頼書

株式会社岩手商事　御中

株式会社青森不動産

発行日　X1年7月31日

X1年8月31日までに以下の金額を下記口座へお振り込み下さい。

内容	金額
敷金	¥240,000
8月分賃料	¥120,000
仲介手数料	¥120,000
合計	¥480,000

△△銀行青森支店　当座　4433222　カ）アオモリフドウサン

	借　方　科　目	金　　額	貸　方　科　目	金　　額
①				
②				
③				
④				

受取手形と支払手形

学習のポイント

1　手形の種類には約束手形と為替手形の２種類がありますが，為替手形はあまり利用されていないので，約束手形のみを取引における取扱対象とします。約束手形は，受取時に**受取手形勘定**（資産），振出時に**支払手形勘定**（負債）を用いて処理します。

2　約束手形を振り出したときは，手形の振出人（支払人）は手形債務を負い（支払手形の増加），受取人は手形債権を得ます（受取手形の増加）。

・買掛金￥200を同額の約束手形を振り出して支払った。

（借）買　掛　金　　200　（貸）支　払　手　形　　200

・売掛金￥200を同額の約束手形を受け取って回収した。

（借）受　取　手　形　　200　（貸）売　　掛　　金　　200

3　手形取引を記入する補助簿には，**受取手形記入帳**と**支払手形記入帳**があります。手形債権や手形債務が発生（増加）したときに手形記入帳の日付欄から手形金額欄までの記入を行い，消滅（減少）したときに手形記入帳のてん末欄に記入を行います。なお，てん末欄の記入は手形の満期日に行われ，受取手形記入帳の場合は「**入金**」，支払手形記入帳の場合は「**支払**」などとして摘要の記入を行います。

4　金銭の貸し借りにあたって振り出される金融手形は，商業手形と区別して**手形貸付金**（または貸付金）・**手形借入金**（または借入金）として処理します。

・現金￥300を貸し付け，同額の約束手形を受け取った。

（借）手　形　貸　付　金　　300　（貸）現　　　　　金　　300

・現金￥300を借り入れ，同額の約束手形を振り出した。

（借）現　　　　　金　　300　（貸）手　形　借　入　金　　300

5　売掛金や買掛金などを有する会社が債権・債務の電子記録化を行う場合は，取引銀行を通じて電子債権記録機関に登録の請求を行い，電子登録された債権は**電子記録債権勘定**（資産）で処理します。また，その通知を受け承諾した債務は**電子記録債務勘定**（負債）で処理します。登録された債権・債務の計上は，それぞれ元の債権・債務からの振替処理により行われます。

・当社は，得意先のＡ社に対し売掛金￥500,000を有しており，電子債権記録機関に債権の発生記録を請求した。Ａ社は，電子債権記録機関から電子記録債務の発生記録の通知を受け，これを承諾した。

（当社）（借）電　子　記　録　債　権　　500,000　（貸）売　　掛　　金　　500,000

（Ａ社）（借）買　　掛　　金　　500,000　（貸）電　子　記　録　債　務　　500,000

- 上記の電子記録債権の支払期日が到来し，当社の普通預金口座とＡ社の当座預金口座の間で自動的に決済が行われた。

（当社）	（借） 普 通 預 金	500,000	（貸） 電子記録債権	500,000
（Ａ社）	（借） 電子記録債務	500,000	（貸） 当 座 預 金	500,000

問題 9−1　次の取引の仕訳を，当社・千葉商店の両方について示しなさい。なお，商品売買の記帳方法は3分法によること。

① 当社は，千葉商店から商品¥50,000を仕入れ，代金として約束手形¥50,000を振り出して千葉商店へ渡した。

② 上記①の手形の満期日になったので，当社の当座預金口座から手形金額が引き落とされ，千葉商店の当座預金口座に¥50,000が振り込まれた。

		借 方 科 目	金 額	貸 方 科 目	金 額
当社	①				
	②				
千葉商店	①				
	②				

問題 9−2　次の各取引について仕訳しなさい。なお，仕訳が不要の場合には，「仕訳なし」と記入すること。

① かねて石川商店宛に振り出した約束手形¥270,000の満期日になり，当座預金口座から支払われた。

② 当社受取の約束手形¥130,000の代金取立を取引銀行に依頼して手形を渡した。

③ 上記②の約束手形について，取引銀行から手形代金の取立てが済み，当座預金口座に振り込まれた旨の通知があった。

	借 方 科 目	金 額	貸 方 科 目	金 額
①				
②				
③				

問題 9-3 次の各取引について仕訳しなさい。ただし，勘定科目は，最も適当と思われるものを選び，**記号で解答すること**。なお，商品売買の記帳方法は3分法によること。

ア 現金　　　　イ 当座預金　　ウ 受取手形　　エ 売掛金　　オ 前払金
カ 支払手形　　キ 買掛金　　　ク 前受金　　　ケ 売上　　　コ 仕入

① 福井商店からかねて注文しておいた商品¥250,000を引き取り，注文時に支払った手付金¥50,000を差し引き，差額は同店宛の約束手形を振り出した。なお，その際，引取運賃（当社負担）¥8,000を現金で支払った。

② 山梨商店に対する買掛金を支払うため，同店宛の約束手形¥150,000を振り出した。

③ 京都商店から商品¥130,000を仕入れ，代金のうち半額は同店宛の約束手形を振り出し，残額は小切手を振り出して支払った。

④ 得意先神戸商店に対して，さきに注文のあった商品を引き渡し，この代金¥300,000から手付金¥60,000を控除した差額のうち，半額は同店振出しの約束手形で受け取り，残額は月末に受け取ることとした。

	借　方　科　目	金　　額	貸　方　科　目	金　　額
①				
②				
③				
④				

問題 9-4 決算に際し次の誤りを発見した。よって，これを訂正するための仕訳を行いなさい。

① 得意先岐阜商店に対する売掛金¥350,000を同店振出，当社宛の約束手形で回収した際，誤って貸借反対に記帳していた。

② 仕入先静岡商店に対する買掛金¥150,000を約束手形を振り出して支払った際に，借方科目を仕入と誤って記帳していた。

③ 商品¥50,000を仕入れた際，仕入先宛の約束手形を振り出して支払っていたが，誤って買掛金の支払いのためにこの約束手形を振り出したように記帳していた。

	借　方　科　目	金　　額	貸　方　科　目	金　　額
①				
②				
③				

問題 9-5 株式会社岐阜商事は，商品￥940,000を株式会社長野商会に売り渡し，代金として以下の手形を受け取った。両社の仕訳を示しなさい。

株式会社岐阜商事の仕訳

借 方 科 目	金 額	貸 方 科 目	金 額

株式会社長野商会の仕訳

借 方 科 目	金 額	貸 方 科 目	金 額

問題 9-6 佐賀株式会社の次の各取引について仕訳し，受取手形記入帳に記入しなさい。

3月5日　宮城商店に対する売掛金￥280,000を，同店振出しの約束手形（#27，振出日3月5日，支払期日4月5日，支払場所南北銀行）で受け取った。

3月12日　茨城商店に商品￥320,000を売り渡し，代金として同店振出しの約束手形（#16，振出日3月12日，支払期日5月12日，支払場所北東銀行）を受け取った。

4月5日　取引銀行から，宮城商店振出しの約束手形（#27）が決済され，当座預金口座に入金された旨の通知があった。

5月12日　取引銀行から，茨城商店振出しの約束手形（#16）が決済され，当座預金口座に入金された旨の通知があった。

	借 方 科 目	金 額	貸 方 科 目	金 額
3／5				
3／12				
4／5				
5／12				

受取手形記入帳

X1年 月	日	手形種類	手形番号	摘要	支払人	振出人	振出日 月	日	満期日 月	日	支払場所	手形金額	てん末 月	日	摘要

問題 9−7 次の帳簿の名称を（　）の中に記入し，あわせてこの帳簿に記録されている各取引を仕訳しなさい。ただし，買掛金については人名勘定を用いることとする。

（_____）

X1年		手形種類	手形番号	摘要	受取人	振出人	振出日		満期日		支払場所	手形金額	てん末		
							月	日	月	日			月	日	摘要
4	20	約手	27	買掛金	大阪商店	当　社	4	20	6	30	東西銀行	280,000	6	30	当座預金から支払
5	25	約手	31	仕入	京都商店	当　社	5	25	7	31	〃	340,000			

	借 方 科 目	金 額	貸 方 科 目	金 額
4／20				
5／25				
6／30				

問題 9−8 埼玉株式会社は，下記の表に記載されている補助簿を用いている。各取引がどの補助簿に記入されるか答えなさい。なお，解答にあたっては，該当するすべての補助簿の欄に〇印を付しなさい。

① 岩手商店から商品￥430,000を仕入れ，代金のうち￥100,000は小切手を振り出して支払い，残額は同店宛の約束手形を振り出した。

② 千葉商店へ商品￥760,000を売り渡し，代金として同店振出しの約束手形を受け取った。

③ 山梨商店に対する買掛金￥320,000の決済のため，同店宛の約束手形を振り出した。

④ 新潟商店に対する売掛金￥180,000の代金として，同店振出しの約束手形を受け取った。

⑤ 青森商店から商品￥250,000を仕入れ，代金として同店宛の約束手形を振り出した。なお，当社負担の発送運賃￥4,000は現金で支払った。

	現　金出納帳	当座預金出納帳	商　品有高帳	売掛金元　帳	買掛金元　帳	仕入帳	売上帳	受取手形記入帳	支払手形記入帳
①									
②									
③									
④									
⑤									

問題 9−9 次の各取引について仕訳しなさい。

① 東京商店へ￥1,400,000を貸し付け，同額の約束手形を受け取った。なお，貸付時に利息を差し引き，残額を当社の当座預金口座から同店の当座預金口座に振り込んだ。貸付期間は3カ月間で，利率は年5％であり，利息は月割計算する。

② 南西銀行から¥4,500,000を約束手形を振り出して借り入れ，利息を差し引かれた手取金が当座預金口座に振り込まれた。なお，借入期間は146日，利率は年6％であり，利息は1年を365日として日割計算する。

③ 神奈川商店に¥500,000を貸し付け，同額の約束手形を受け取るとともに，当社の普通預金口座から同店の普通預金口座に振り込んだ。

④ 上記③の貸付けの満期日が到来し，神奈川商店から元利合計¥514,000が普通預金口座に振り込まれた。

	借　方　科　目	金　　額	貸　方　科　目	金　　額
①				
②				
③				
④				

問題 9-10　次の連続した取引について，各社の仕訳を示しなさい。

① 栃木商事株式会社は，株式会社埼玉商会に商品¥860,000を売り渡し，代金は掛けとした。

② 栃木商事株式会社は，取引銀行を通じて，株式会社埼玉商会に対する売掛金¥860,000について，電子債権記録機関に対して電子記録債権の発生記録の請求を行った。株式会社埼玉商会は，電子債権記録機関から電子記録債務の発生記録の通知を受け，これを承諾した。

③ 電子記録債権の決済日になり，栃木商事株式会社の普通預金口座と株式会社埼玉商会の普通預金口座の間で決済が行われた。

栃木商事㈱の仕訳

	借　方　科　目	金　　額	貸　方　科　目	金　　額
①				
②				
③				

㈱埼玉商会の仕訳

	借　方　科　目	金　　額	貸　方　科　目	金　　額
①				
②				
③				

第10章 有形固定資産

学習のポイント

1　備品，車両運搬具，建物，土地など，長期にわたって使用するために保有し，具体的な存在形態をもった固定資産を**有形固定資産**といいます。

2　有形固定資産を購入したときは，それぞれの勘定の借方に取得原価で記入します。なお，取得原価には付随費用を含めます。

- 備品¥8,000を購入し，付随費用¥200とともに小切手を振り出して支払った。

| （借）備　　　　品 | 8,200 | （貸）当 座 預 金 | 8,200 |

3　有形固定資産を購入した後に，その固定資産に対して支出が発生した場合，支出により固定資産の価値が増加したり，耐用年数が延長したりするときは固定資産の取得原価に加えます（**資本的支出**）。また，その支出が通常予定される修理や保守のためのものであるときは**修繕費**として費用処理します（**収益的支出**）。

- 建物の増築（資本的支出）を行い，現金¥2,000を支払った。

| （借）建　　　　物 | 2,000 | （貸）現　　　　金 | 2,000 |

- 建物の修繕（収益的支出）を行い，現金¥1,000を支払った。

| （借）修　繕　費 | 1,000 | （貸）現　　　　金 | 1,000 |

4　土地を除く有形固定資産は，使用または時の経過にともなってその価値が減少するため，決算にあたり，当期中の価値の減少分を**減価償却費勘定**（費用）で処理します。この手続を減価償却といいます。3級では，減価償却費の計算方法は**定額法**，減価償却の記帳法は**間接法**による処理を行います。

定額法による減価償却費（1年分）の計算：　$減価償却費 = \dfrac{取得原価 - 残存価額}{耐用年数}$

- 決算にあたり，建物（取得原価¥10,000，残存価額¥1,000，耐用年数30年）の減価償却を定額法により行い，間接法で記帳を行った。

| （借）減 価 償 却 費 | 300 | （貸）建物減価償却累計額 | 300 |

$$減価償却費 = \frac{¥10,000 - ¥1,000}{30年} = ¥300$$

5　有形固定資産を売却したときは，固定資産の帳簿価額と売却価額との差額を**固定資産売却損勘定**（費用）または**固定資産売却益勘定**（収益）で処理します。帳簿価額とは，取得原価から減価償却累計額（期中に売却する場合は，使用期間にかかる減価償却費も計上する）を差し引いた額

をいいます。

- 期首に，備品（取得原価¥200,000，減価償却累計額¥160,000）を¥15,000で売却し，売却額は現金で受け取った。

（借）	備品減価償却累計額	160,000	（貸）	備	品	200,000
	現　　　　金	15,000				
	固定資産売却損	25,000				

- 上記取引で，期中に同額で売却し，期中の使用期間にかかる減価償却費が¥10,000の場合

（借）	備品減価償却累計額	160,000	（貸）	備	品	200,000
	減 価 償 却 費	10,000				
	現　　　　金	15,000				
	固定資産売却損	15,000				

6　有形固定資産の取得や売却，減価償却に関する明細，残高（帳簿価額）などを記録するために用いられる補助簿を**固定資産台帳**といい，決算日において保有する固定資産の明細を表します。

7　減価償却費の計上については，期末に行う決算（年次決算）で1年分を計上する方法と，月ごとに簡易な決算（月次決算）を行い1カ月分ずつ計上する方法があります。なお，月次決算を行う場合でも，年次決算は必ず行われます。

- 期首に取得した備品¥1,200,000につき，残存価額ゼロ，耐用年数4年として，(1)年次決算で1年分を計上する方法，(2)月次決算を行い，1カ月分を計上する方法（月次決算時と年次決算時）のそれぞれで減価償却を行った場合の仕訳は次のようになります。

  (1)　年次決算時　（借）　減 価 償 却 費　　300,000　（貸）　備品減価償却累計額　300,000

  　　減価償却費＝¥1,200,000÷4年＝¥300,000（1年分の金額）

  (2)　月次決算時　（借）　減 価 償 却 費　　25,000　（貸）　備品減価償却累計額　25,000

  　　年次決算時　（借）　減 価 償 却 費　　25,000　（貸）　備品減価償却累計額　25,000

  　　減価償却費＝¥1,200,000÷4年÷12カ月＝¥25,000（1カ月分の金額）

  　　月次決算を行っている場合には，年次決算において決算月の減価償却費を計上することになるため1カ月分の減価償却費が計上されます。

問題 10−1 次の各取引について仕訳しなさい。ただし，勘定科目は，最も適当と思われるものを選び，**記号で解答すること**。

ア　現金　　イ　普通預金　　ウ　当座預金　　エ　建物　　オ　備品

カ　土地　　キ　車両運搬具　　ク　未払金　　ケ　資本金　　コ　修繕費

① 店舗用の土地200m²を1m²当たり¥15,000で購入し，整地費用¥300,000，登記料¥20,000およ
び仲介手数料¥40,000とともに小切手を振り出して支払った。

② 建物¥4,500,000を購入し，代金は普通預金口座から支払った。なお，不動産業者への手数料
¥125,000と登記料¥90,000は現金で支払った。

③ 事務用のパソコン5台を購入し，代金¥750,000のうち半額は小切手を振り出して支払い，残
額は月末に支払うことにした。なお，引取運賃¥8,000は現金で支払った。

④ 店舗で用いる陳列棚を購入し，代金¥350,000は小切手を振り出して支払い，引取運賃¥15,000
と運送保険料¥8,500は現金で支払った。

⑤ 営業用乗用車1台を購入し，代金¥1,200,000は小切手を振り出して支払った。

⑥ 建物の内装について改良と修繕を行い，代金¥750,000を普通預金口座から支払った。なお，
代金のうち¥500,000は改良のための支出であり，残額は定期的な修繕のための支出である。

⑦ 建物の外壁について強化工事と修繕を行い，代金¥600,000は来月末に支払うことにした。なお，
代金のうち¥180,000は資本的支出，残額は収益的支出として処理する。

	借　方　科　目	金　　額	貸　方　科　目	金　　額
①				
②				
③				
④				
⑤				
⑥				
⑦				

問題 10-2 次の連続した取引について仕訳しなさい。

5月18日　店舗用地800m²を1m²当たり¥7,500で購入し、仲介手数料、登記料などの付随費用¥240,000とともに小切手を振り出して支払った。

5月28日　上記の土地を整地し、整地のための費用¥620,000を小切手を振り出して支払った。

6月24日　上記の店舗用地のうち200m²を1m²当たり¥9,000で取引先に売却し、代金として先方振出しの小切手を受け取った。

	借　方　科　目	金　　額	貸　方　科　目	金　　額
5／18				
5／28				
6／24				

問題 10-3 決算にあたり、当期首（4月1日）に取得した備品（取得原価¥320,000、耐用年数8年、残存価額ゼロ）の減価償却を定額法で行う。決算整理に必要な仕訳を間接法で示し、各勘定に転記しなさい（会計期間は1年）。

借　方　科　目	金　　額	貸　方　科　目	金　　額

減価償却費　　　　　　　　　　　備品減価償却累計額

問題 10-4 次の各取引について仕訳しなさい。なお、減価償却の記帳方法は間接法によること。

① 決算（年1回）にあたり、備品（取得原価¥180,000、耐用年数5年、残存価額ゼロ）について、減価償却（定額法）を行う。

② 取得原価¥600,000、減価償却累計額¥324,000の備品を¥310,000で売却し、代金のうち¥50,000は先方が振り出した小切手で受け取り、残額は月末に受け取ることにした。

③ 取得原価¥3,300,000、減価償却累計額¥2,376,000の車両運搬具を売却し、代金¥850,000は月末に受け取ることにした。

④ 決算（3月31日）にあたり、備品（耐用年数10年、残存価額ゼロ）¥700,000につき定額法により減価償却を行う。なお、¥700,000のうち¥400,000は購入後4年度目であるが、¥300,000は今年度の6月1日に購入したもので、これについての減価償却費は月割計算で計上する。

⑤ X2年4月1日に購入した備品（取得原価¥800,000、耐用年数5年、残存価額ゼロ、定額法により減価償却を行っている）が不用となったので、X6年6月30日に¥200,000で売却し、代金は翌月末に受け取ることとした。なお、当社の決算日は3月31日で、減価償却費については月割計算により計上し、減価償却累計額勘定を経由せずに直接計上すること。

⑥ X1年7月1日に購入した備品（取得原価¥300,000、耐用年数5年、残存価額ゼロ、定額法に

より減価償却を行っている）が不用となったので，X5年9月30日に¥15,000で売却し，代金は現金で受け取った。なお，当社の決算日は3月31日で，減価償却費については月割計算により計上し，減価償却累計額勘定を経由せずに直接計上すること。

	借　方　科　目	金　　額	貸　方　科　目	金　　額
①				
②				
③				
④				
⑤				
⑥				

問題 10−5　　以下の【資料】にもとづいて，備品勘定，備品減価償却累計額勘定および減価償却費勘定の空欄①〜⑤に当てはまる適切な金額または語句を答えなさい。減価償却は定額法で行っており，期中取得分の減価償却費は月割計算する。決算は3月31日で，当期はX8年4月1日からX9年3月31日までである。

【資料】

1．前期繰越の内訳は以下のとおりである。

　X5年4月1日　購入分　¥600,000（耐用年数5年，残存価額ゼロ）

　X7年10月1日　購入分　¥400,000（耐用年数4年，残存価額ゼロ）

2．X8年12月8日に，備品¥720,000（耐用年数8年，残存価額ゼロ）を購入し，代金は小切手を振り出して支払った。

備　　品

X8/ 4/ 1 前 期 繰 越	1,000,000	X9/ 3/31 次 期 繰 越（　①　）
12/ 8 当 座 預 金（　　　　）		
（　　　　　）		（　　　　　）

73

備品減価償却累計額

X9/ 3/31 次 期 繰 越 （　　　　）	X8/ 4/ 1 前 期 繰 越 （　　②　　）	
	X9/ 3/31 減価償却費 （　　③　　）	
（　　　　　　）	（　　　　　　）	

減価償却費

X9/ 3/31 （　④　） （　　　　）	X9/ 3/31 （　⑤　） （　　　　）

①	②	③	④	⑤

問題 10-6 次の各取引について仕訳しなさい。

①　月次決算につき，建物（取得原価￥6,000,000，耐用年数50年，残存価額ゼロ）について，１カ月分の減価償却費を月割で計上する。なお，減価償却は定額法で行い，間接法で記帳する。

②　期首（X1年４月１日）に備品（本体価格￥720,000，耐用年数４年，残存価額ゼロ）を取得し，代金は引取運賃￥4,800を含めて小切手を振り出して支払った。

③　X1年４月30日，上記②の備品について減価償却（定額法，間接法で記帳）を行い，減価償却費を月割で計上する。

	借 方 科 目	金 額	貸 方 科 目	金 額
①				
②				
③				

問題 10-7 次の各取引について仕訳しなさい。

①　事務作業に使用するパソコンを購入し，品物とともに次の請求書を受け取り，代金は後日支払うこととした。なお，当社では単価￥100,000以上の物品は備品として処理し，それ以外の物品は費用処理している。

```
                            請求書              X8年5月1日
        株式会社神戸商事　様
                                        株式会社関西電器

        ┌──────────────┬──────┬────────┬──────────┐
        │     品名     │ 数量 │  単価  │   金額   │
        ├──────────────┼──────┼────────┼──────────┤
        │デスクトップパソコン│  2   │350,000 │¥700,000 │
        ├──────────────┼──────┼────────┼──────────┤
        │印刷用紙（500枚入）│ 20  │  250  │¥ 5,000 │
        ├──────────────┴──────┴────────┼──────────┤
        │              合計            │¥705,000 │
        └────────────────────────────┴──────────┘

    X8年5月31日までに合計額を下記口座へお振り込み下さい。
        東西銀行関西支店　普通　1357924　カ）カンサイデンキ
```

② 事務作業に使用するパソコンを購入し，品物とともに次の請求書を受け取り，代金は普通預金
口座から支払った。なお，当社では単価¥100,000以上の物品は備品として処理している。

```
                            請求書              X8年7月1日
        株式会社盛岡商事　様
                                        株式会社東北電器

        ┌──────────────┬──────┬────────┬──────────┐
        │     品名     │ 数量 │  単価  │   金額   │
        ├──────────────┼──────┼────────┼──────────┤
        │ノートパソコン │ 30  │210,000 │¥6,300,000│
        ├──────────────┼──────┼────────┼──────────┤
        │配送料        │     │        │¥ 72,000 │
        ├──────────────┼──────┼────────┼──────────┤
        │セッティング作業│ 30  │ 1,300 │¥ 39,000 │
        ├──────────────┴──────┴────────┼──────────┤
        │              合計            │¥6,411,000│
        └────────────────────────────┴──────────┘

    X8年7月31日までに合計額を下記口座へお振り込み下さい。
        南北銀行東北支店　普通　2468024　カ）トウホクデンキ
```

	借　方　科　目	金　　額	貸　方　科　目	金　　額
①				
②				

問題 **10-8**　次の固定資産台帳にもとづいて，空欄①～⑤に当てはまる適切な金額を答えなさい。
当社は，定額法（残存価額はゼロ，間接法で記帳）により減価償却を行っており，期中取得した場
合には減価償却費は月割計算で計上する。なお，当社の決算日は3月31日であり，当期はX7年4
月1日からX8年3月31日までである。

固 定 資 産 台 帳
X8年3月31日現在

取得年月日	種類 用途	期末 数量	耐用 年数	期首（期中取 得）取得原価	期首減価償却 累　計　額	差引期首（期中 取得）帳簿価額	当　　　期 減価償却費
X4年4月1日	備品A	1	8年	1,200,000	450,000	（　①　）	（　②　）
X6年10月5日	備品B	2	5年	600,000	（　③　）	（　　　）	（　④　）
X7年4月1日	備品C	2	4年	1,000,000	0	1,000,000	（　⑤　）

①	②	③	④	⑤

問題 10-9 次の固定資産台帳にもとづいて，下記の勘定の空欄①～⑤に当てはまる適切な金額または勘定科目を答えなさい。当社は，定額法（残存価額はゼロ，間接法で記帳）により減価償却を行っており，期中取得した場合には減価償却費は月割計算で計上する。なお，当社の決算日は3月31日であり，当期はX6年4月1日からX7年3月31日までである。

固 定 資 産 台 帳
X7年3月31日現在

取得年月日	種類 用途	期末 数量	耐用 年数	期首（期中取 得）取得原価	期首減価償却 累　計　額	差引期首（期中 取得）帳簿価額	当　　　期 減価償却費
X4年4月1日	備品X	4	5年	1,400,000	560,000	840,000	280,000
X5年7月10日	備品Y	1	4年	576,000	108,000	468,000	144,000
X6年6月1日	備品Z	2	8年	720,000	0	720,000	（各自計算）

備　　品

X6/ 4/ 1 前 期 繰 越 （　①　）	X7/ 3/31 次 期 繰 越 （　②　）
6/ 1 普 通 預 金 （　　　）	
（　　　）	（　　　）

備品減価償却累計額

X7/ 3/31 次 期 繰 越 （　　　）	X6/ 4/ 1 前 期 繰 越 （　③　）
	X7/ 3/31 （　④　）（　⑤　）
（　　　）	（　　　）

①	②	③	④	⑤

第11章
貸倒損失と貸倒引当金

学習のポイント

1　得意先の倒産などにより，売掛金などの債権が回収できなくなることを貸倒れといいます。債権が貸倒れになったときに生じた損失は，**貸倒損失勘定**（費用）で処理します。

・売掛金¥2,000が回収不能となり，貸倒れとして処理した。

（借）貸　倒　損　失　　　2,000　（貸）売　　掛　　金　　　2,000

2　上記1は，貸倒れに備えた処理を決算時に行っていない場合の処理になりますが，通常は決算時に，保有する債権の貸倒予想額を見積もって**貸倒引当金勘定**に計上するとともに，**貸倒引当金繰入勘定**（費用）で処理します。その後，翌期に貸倒れが発生したときは，その債権を減少させるとともに貸倒引当金を取り崩します。

・決算に際し，売掛金残高¥300,000に対して¥3,000の貸倒れを見積もり，同額の貸倒引当金を設定した。

（借）貸倒引当金繰入　　　3,000　（貸）貸　倒　引　当　金　　　3,000

・前期の販売から生じた売掛金¥2,000が当期に回収不能となり，貸倒れとして処理した。

（貸倒引当金勘定の残高が¥3,000の場合）

（借）貸　倒　引　当　金　　　2,000　（貸）売　　掛　　金　　　2,000

（貸倒引当金勘定の残高が¥1,000の場合）

（借）貸　倒　引　当　金　　　1,000　（貸）売　　掛　　金　　　2,000
　　　貸　倒　損　失　　　1,000

※当期の販売から生じた売掛金や受取手形に対する貸倒れの場合，その債権に対して貸倒引当金は設定されていないため，すべて貸倒損失として費用計上します。

3　決算において，貸倒引当金勘定に残高がある場合には，当期末における貸倒見積額と貸倒引当金勘定残高との差額を新たに貸倒引当金として繰り入れます。この処理方法を**差額補充法**といいます。また，当期末における貸倒見積額よりも貸倒引当金勘定残高のほうが多い場合には，見積額を超過した額を貸倒引当金勘定から減額するとともに**貸倒引当金戻入勘定**（収益）で処理します。

・決算に際し，売掛金残高¥350,000に対して貸倒引当金¥3,500を設定した。

（貸倒引当金勘定の残高が¥3,000の場合）

（借）貸倒引当金繰入　　　　500　（貸）貸　倒　引　当　金　　　500

（貸倒引当金勘定の残高が¥4,000の場合）

（借）貸　倒　引　当　金　　　　500　（貸）貸倒引当金戻入　　　　500

4 過年度において貸倒れとして処理した債権を当期に回収できたときは，**償却債権取立益勘定**（収益）で処理します。

- 前年度において貸倒れとして処理した売掛金¥600を，本日現金で回収した。

（借）現　　　　　金	600	（貸）償却債権取立益	600	

問題 11-1 次の各取引について仕訳しなさい。

① 得意先に対して，当期に掛売りした代金¥145,000が回収不能となったため，貸倒れとして処理した。

② 決算にあたり，売掛金の残高¥200,000に対して5％の貸倒れを見積もり，差額補充法により貸倒引当金を設定する。ただし，貸倒引当金の残高が¥6,000ある。

③ 得意先に対する売掛金（前期販売分）¥11,000が貸倒れとなった。ただし，貸倒引当金の残高が¥13,000ある。

④ 決算にあたり，売掛金の残高¥350,000に対して2％の貸倒れを見積もった。ただし，貸倒引当金の残高が¥12,000ある。

⑤ 得意先に対する売掛金¥56,000（前期販売分）が貸倒れとなった。ただし，貸倒引当金の残高が¥39,000ある。

	借　方　科　目	金　　額	貸　方　科　目	金　　額
①				
②				
③				
④				
⑤				

問題 **11−2**　次の連続した取引について仕訳しなさい。ただし，勘定科目は，最も適当と思われる
ものを選び，**記号で解答**すること。

　　ア　現金　　　　　　　　イ　売掛金　　　　　　ウ　貸倒引当金　　　エ　貸倒引当金戻入

　　オ　償却債権取立益　　　カ　貸倒引当金繰入　　キ　貸倒損失

① 　X1年度の決算にあたり，売掛金の残高¥1,600,000に対して３％の貸倒れを見積もった（差額
　　補充法）。ただし，貸倒引当金の残高が¥50,000ある。

② 　X2年度になって，得意先が倒産し，前期から繰り越した売掛金¥40,000が回収不能となった。

③ 　X2年度の決算にあたり，売掛金の残高¥1,400,000に対して５％の貸倒れを見積もった（差額
　　補充法）。

④ 　X3年度になって，得意先が倒産し，前期から繰り越した売掛金¥78,000が回収不能となった。

⑤ 　X2年度に貸倒れとして処理した売掛金¥40,000のうち¥30,000を現金で回収した。

	借　方　科　目	金　　額	貸　方　科　目	金　　額
①				
②				
③				
④				
⑤				

第12章 資本

1 会社の設立時や設立後に資金の調達を行うために株式を発行した場合には，株主から受ける金銭等による払込額は**資本金勘定**（資本）を用いて処理します。

- 埼玉商事株式会社を設立し，株式2,000株を1株当たり￥10,000で発行し，株主からの払込金は普通預金とした。

（借）普 通 預 金 20,000,000 （貸）資　本　金 20,000,000

- 埼玉商事株式会社は，会社設立後の4期目に増資を行うため，新たに1,000株を1株当たり￥11,000で発行し，株主からの払込金は当座預金とした。

（借）当 座 預 金 11,000,000 （貸）資　本　金 11,000,000

2 決算において収益と費用が損益勘定に振り替えられ，その差額として算定された当期における当期純利益（または当期純損失）は，損益勘定から**繰越利益剰余金勘定**（資本）に振り替えられます。また，繰越利益剰余金は翌期の株主総会でその処分が決議されるため，翌期にそのまま繰り越されます。

- A株式会社の決算の結果は，収益総額￥30,000,000および費用総額￥28,800,000であり，当期純利益を繰越利益剰余金勘定に振り替えた。

（借）損　　　　益 1,200,000 （貸）繰越利益剰余金 1,200,000

- B株式会社の決算の結果は，収益総額￥30,000,000および費用総額￥30,300,000であり，当期純損失を繰越利益剰余金勘定に振り替えた。

（借）繰越利益剰余金 300,000 （貸）損　　　　益 300,000

3 株主総会において配当を行う決議を行った場合には，利益を原資として配当が行われるため繰越利益剰余金勘定（前期までの利益の留保額）を取り崩す（減少させる）とともに，株主への配当の支払義務を**未払配当金勘定**（負債）に計上します。また，株主への配当を行う場合には，配当の10分の1に相当する金額を利益準備金として積み立てることが強制されるため，繰越利益剰余金勘定を減少させるとともに**利益準備金勘定**（資本）を増加させる処理を行います。

- 株主総会において，繰越利益剰余金勘定の残高￥1,800,000から株主への配当￥800,000を行うことが決議され，利益準備金の積立て￥80,000とともに繰越利益剰余金の処分を行った。

（借）繰越利益剰余金 880,000 （貸）未 払 配 当 金 800,000
　　　　　　　　　　　　　　　　　　 利 益 準 備 金 80,000

- 株主総会で決議された株主への配当金￥800,000を，当社の普通預金口座から株主が登録した受取口座に振り込んで支払った。

（借）未 払 配 当 金　800,000　（貸）普 通 預 金　800,000

問題 12-1　次の各取引について仕訳しなさい。

① 会社の設立にあたり，神戸株式会社は，株式1,000株を1株当たり￥3,000で発行し，株主からの払込金は普通預金とした。

② 神戸株式会社は，新たに株式400株を1株当たり￥3,200で発行して増資し，株主からの払込金が当座預金口座に振り込まれた。

	借　方　科　目	金　　額	貸　方　科　目	金　　額
①				
②				

問題 12-2　次の各取引について仕訳しなさい。

① 決算の結果，株式会社浜松商事の収益合計は￥6,280,000，費用合計は￥5,730,000と算定されたので，損益勘定で算定された当期純利益を繰越利益剰余金勘定に振り替える。

② 決算の結果，岡山株式会社の収益合計は￥2,330,000，費用合計は￥2,690,000と算定されたので，損益勘定で算定された当期純損失を繰越利益剰余金勘定に振り替える。

	借　方　科　目	金　　額	貸　方　科　目	金　　額
①				
②				

問題 12-3　当社の決算整理後の各勘定の残高は次のとおりである。

売 上　￥4,642,000　　仕 入　￥2,455,000　　給 料　￥780,000

① 収益および費用の諸勘定を損益勘定に振り替える仕訳をしなさい。

② 上記①にもとづいて，当期純利益（または当期純損失）を繰越利益剰余金勘定に振り替える仕訳をしなさい。

	借　方　科　目	金　　額	貸　方　科　目	金　　額
①				
②				

問題 12-4 次の【資料】にもとづいて，問いに答えなさい（これ以外の条件を考える必要はない）。

【資料1】 決算整理前残高試算表（一部）

借　　方	勘　定　科　目	貸　　方
362,000	現　　　　金	
860,000	繰　越　商　品	
	売　　　　上	5,932,000
3,775,000	仕　　　　入	
128,000	通　　信　　費	

【資料2】 決算整理事項

① 通信費￥5,000を現金で支払ったが，この取引が未記入であった。

② 期末商品棚卸高は￥724,000である。売上原価は仕入勘定で算定する。

(問1) 当期の売上原価の金額を答えなさい。

(問2) 当期純損益を答えなさい。なお，当期純損失の場合には金額の前に△を付すこと。

(問3) (問2)で算定された当期純損益を，損益勘定から繰越利益剰余金勘定に振り替える仕訳を答えなさい。

(問1) ￥（　　　　　　　）

(問2) ￥（　　　　　　　）

(問3)

借　方　科　目	金　　　額	貸　方　科　目	金　　　額

問題 12-5 次の各取引について仕訳しなさい。ただし，勘定科目は，最も適当と思われるものを選び，**記号で解答**すること。

　　　ア　普通預金　　　イ　未払配当金　　　ウ　利益準備金　　　エ　繰越利益剰余金

① 茨城株式会社の株主総会において，繰越利益剰余金￥900,000から，株主への配当￥100,000と利益準備金の積立て￥10,000を行うことが承認された。

② 上記①の株主配当金を普通預金口座から株主の指定する預金口座へ振り込んで支払った。

	借　方　科　目	金　　　額	貸　方　科　目	金　　　額
①				
②				

第13章
収益と費用

学習のポイント

1 契約にもとづいて継続的に用役の授受が行われる収益や費用は，その対価としての受取額や支払額が該当の会計期間に対する金額と対応していないことがあり，その期間に計上すべき正しい金額を表していない場合があります。この場合には，決算時に，**未収・未払い**と**前受け・前払い**の金額を計上し，正しい金額に修正するための仕訳が行われます。また，翌期首には決算時の反対仕訳を行い，翌期の費用や収益への振戻し（**再振替仕訳**）を行います。

- 決算にあたり，受取利息の当期未収分￥100を未収利息として計上した。

    （借）未 収 利 息　　　100　（貸）受 取 利 息　　　　100

- 決算にあたり，給料の当期未払額￥500を計上した。

    （借）給　　　料　　　　500　（貸）未 払 給 料　　　　500

- 決算にあたり，受取地代のうち次期分￥1,000を前受地代として計上した。

    （借）受 取 地 代　　1,000　（貸）前 受 地 代　　　1,000

- 決算にあたり，保険料のうち次期分￥300を前払保険料として計上した。

    （借）前 払 保 険 料　　300　（貸）保　　 険 　 料　　　300

2 消耗品の処理方法は，購入時に**消耗品費勘定**（費用）を用いて費用処理し，決算時に未使用高があっても資産に計上せず，購入額をそのまま費用計上します。

　一方，郵便切手や収入印紙など換金性の高いものは，購入時にそれぞれの費目で費用処理し，決算時に未使用高を**貯蔵品勘定**（資産）に振り替える処理を行います。なお，決算で計上された貯蔵品は，翌期首に**振替元の費用**に振り戻すための仕訳を行います。

- 事務使用の消耗品￥20,000を購入し，現金で支払った。

    （借）消 耗 品 費　　20,000　（貸）現　　　金　　20,000

- 決算にあたり，未使用の収入印紙￥8,000と郵便切手￥4,100を資産に計上した。

    （借）貯 　 蔵 　 品　　12,100　（貸）租 税 公 課　　　8,000
    　　　　　　　　　　　　　　　　　　通 　 信 　 費　　　4,100

- 期首において，前期決算で計上した貯蔵品￥12,100（収入印紙￥8,000と郵便切手￥4,100）を適切な費用の勘定へ振り戻すための仕訳を行った。

    （借）租 税 公 課　　　8,000　（貸）貯 　 蔵 　 品　　12,100
    　　　通 　 信 　 費　　　4,100

3 商工会や商工会議所などへの加盟料・年会費を企業の負担として支払う場合，**諸会費勘定**（費用）を用いて処理します。

- 商工会議所会員として負担する年会費￥12,000を現金で支払った。

| (借) 諸 会 費 | 12,000 | (貸) 現 金 | 12,000 |

問題 13-1 A社（決算年1回，3月31日）は，取引先のB社に対して，当期の5月1日に次の条件で現金￥600,000を貸し付け，借用証書を受け取った。よって，A社とB社の下記の日付の仕訳（決算仕訳，期首の再振替仕訳を含む）を示し，各勘定に転記し，締め切りなさい（開始記入も行うこと）。

貸付条件：貸付期間2年，利率年5％，利払日は貸付後の半年ごと（10月末，4月末）
　　　　　利払方法は現金払い，利息計算は月割計算。

A社の仕訳

	借 方 科 目	金 額	貸 方 科 目	金 額
5／1				
10／31				
3／31				
4／1				

受 取 利 息　　　　　　　　　　　　　　　未 収 利 息

B社の仕訳

	借 方 科 目	金 額	貸 方 科 目	金 額
5／1				
10／31				
3／31				
4／1				

支 払 利 息　　　　　　　　　　　　　　　未 払 利 息

問題 13-2 A社（決算年1回，3月31日）は，当期の7月1日に，今後3年間駐車場として土地を賃貸する契約をB社と結んだ。この契約で，地代（賃貸料）は，毎年7月1日に向こう1年分¥240,000（1カ月当たり¥20,000）を現金で受け取ることとしている。よって，A社とB社の下記の日付の仕訳（決算仕訳，期首の再振替仕訳を含む）を示し，各勘定に転記し，締め切りなさい（開始記入も行うこと）。

A社の仕訳

	借 方 科 目	金 額	貸 方 科 目	金 額
7／1				
3／31				
4／1				

受 取 地 代	前 受 地 代

B社の仕訳

	借 方 科 目	金 額	貸 方 科 目	金 額
7／1				
3／31				
4／1				

支 払 地 代	前 払 地 代

静岡株式会社（決算年1回，3月31日）は，前期（X1年）の6月1日に，3年間継続して使用する予定で土地の賃貸借契約を結んだ。この契約で，賃借料（地代）は毎年6月1日に12カ月分¥180,000を現金で先払いすることとしている。よって，次の勘定記入の内容にもとづいて，仕訳帳に記載されている仕訳内容を示し，当期（X2年）の支払地代勘定と前払地代勘定の記入を行いなさい。なお，地代は月割計算する。

勘定記入の内容

① 前期末に，期首の日付で前期繰越高の記入が行われている。

② 期首に，前払地代勘定の残高を支払地代勘定に振り戻した（仕訳帳1ページに記入）。

③ 期中に，土地の賃借料支払いの処理を行った（仕訳帳3ページに記入）。

④ 決算日に，支払地代の当期未経過分を計上した（仕訳帳12ページに記入）。

⑤ 決算日に，支払地代勘定の残高を損益勘定に振り替え，支払地代勘定を締め切った（仕訳帳13ページに記入）。

⑥ 決算日に，前払地代勘定の残高を繰越記入し，前払地代勘定を締め切った。なお，翌期首の日付で開始記入を行った。

	借 方 科 目	金 額	貸 方 科 目	金 額
4／1				
6／1				
3／31				

前 払 地 代

X2年	摘 要	仕丁	借 方	X2年	摘 要	仕丁	貸 方

支 払 地 代

X2年	摘 要	仕丁	借 方	X2年	摘 要	仕丁	貸 方

　　次の各問いに答えなさい。

① 当期（X4年4月1日〜X5年3月31日）の6月1日に，新店舗として使用する目的で契約期間を3年とする建物の賃貸借契約（年額¥480,000，月額¥40,000）を結んだ。この契約で，家賃は6月1日と12月1日に向こう半年分¥240,000をそれぞれ現金で前払いすることとしている。よって，支払家賃勘定と前払家賃勘定への記入を行いなさい。

支 払 家 賃

X4/ 6/ 1 ( )	( )	X5/ 3/31 ( )	( )
12/ 1 ( )	( )	〃 ( )	( )
	( )		( )

前 払 家 賃

X5/ 3/31 ( )	( )	X5/ 3/31 ( )	( )
X5/ 4/ 1 前 期 繰 越 ( )			

② 当期（X6年4月1日〜X7年3月31日）の7月1日に，銀行から現金¥1,000,000を期間1年，利率年3％，利払日は12月末と6月末の2回で借り入れた。この借入れに対する支払利息勘定の記入は，次のとおりであった。空欄（ア）〜（オ）に入る適切な金額または語句を答えなさい。なお，利息の計算は月割で行っている。

支 払 利 息

X6/12/31 当 座 預 金 （ ア ）	X7/ 3/31 （ エ ）（ ）
X7/ 3/31 （ イ ）（ ウ ）	
（ ）	（ オ ）

ア	イ	ウ	エ	オ

③ 当期の11月1日に，当社は契約期間1年で建物の賃貸借契約を結んだ。1カ月の家賃は¥50,000であり，11月，2月，5月および8月の月初に，それぞれ向こう3カ月分を当社の当座預金口座に振り込んでもらうことにした。よって，受取家賃勘定と前受家賃勘定の空欄（ア）〜（エ）に当てはまる適切な金額または語句を答えなさい。なお，当社の会計期間は4月1日から翌年3月31日までである。

受 取 家 賃　　　　　　　　　　　　前 受 家 賃

3/31 前受家賃 （ ア ）	11/ 1 当座預金 （ ウ ）	3/31 （ エ ）（ ）	3/31 ( )( )
〃 （ イ ）（ ）	2/ 1 当座預金 （ ）		
（ ）	（ ）		

ア	イ	ウ	エ

問題 13-5 次の連続した取引について仕訳しなさい。ただし，勘定科目は，最も適当と思われるものを選び，**記号で解答**すること。

　　ア　現金　　イ　貯蔵品　　ウ　通信費　　エ　租税公課

① 郵便切手¥8,200と収入印紙¥5,000を現金で購入し，全額を費用処理した。

② 決算にあたり，上記①のうち未使用の郵便切手¥2,870と収入印紙¥1,200を貯蔵品勘定に振り替えた。

③ 翌期首において，上記②で計上した貯蔵品を元の費用勘定へ振り戻すための仕訳を行った。

	借方科目	金額	貸方科目	金額
①				
②				
③				

問題 13-6 次の各取引について仕訳しなさい。

① 所属する業界団体の年会費¥20,000を普通預金口座から支払った。その際に振込手数料¥100がかかり，同口座から差し引かれた。

② 商工会議所の年会費¥30,000の請求書が届いたので，未払い計上した。

	借方科目	金額	貸方科目	金額
①				
②				

第 **14** 章

税　　金

学習のポイント

1 費用となる税金（固定資産税，自動車税や印紙税など）は，納付した際（収入印紙の場合は購入時）に**租税公課勘定**（費用）を用いて処理します。

・固定資産税の年税額￥90,000を現金で納付した。

（借）租 税 公 課　　90,000　（貸）現　　　　金　　90,000

・事業所で所有している車両につき，自動車税の年税額￥39,500を現金で納付した。

（借）租 税 公 課　　39,500　（貸）現　　　　金　　39,500

・領収書等で使用するため収入印紙￥20,000を購入し，代金は現金で支払った。

（借）租 税 公 課　　20,000　（貸）現　　　　金　　20,000

2 株式会社の利益に課される税金には，法人税，住民税及び事業税があり，これらの税金は，決算において当期の税額を**法人税，住民税及び事業税勘定**（費用）を用いて処理し，その支払義務となる金額を**未払法人税等勘定**（負債）を用いて処理します。支払義務となる金額（未払法人税等）は，決算日から2カ月以内に確定申告を行い，納付します。また，前年度の法人税額が一定額を超えている場合には，法人税，住民税，事業税のすべてについて当期中に中間申告・納付することが義務付けられており，これらの納付額は**仮払法人税等勘定**（資産）を用いて処理します。期中に中間納付を行い，仮払法人税等勘定が計上されている場合には，決算時に計上する法人税，住民税及び事業税の金額からこれを差し引いて未払法人税等を計上します。

・当期の11月に法人税，住民税及び事業税の中間申告を行い，前年度の確定税額￥1,000,000の2分の1の金額である￥500,000を現金で納付した。

（借）仮 払 法 人 税 等　　500,000　（貸）現　　　　金　　500,000

・決算において，収益総額と費用総額の差額から計算された税引前当期純利益は￥3,000,000であり，税率30％を乗じて算定した税額￥900,000を当期の法人税，住民税及び事業税として計上した。なお，期中に中間納付した￥500,000が仮払法人税等勘定に計上されている。

（借）法人税，住民税
及 び 事 業 税　　900,000　（貸）仮 払 法 人 税 等　　500,000

未 払 法 人 税 等　　400,000

・法人税，住民税及び事業税の確定申告を行い，前期決算で計上した未払法人税等￥400,000を現金で納付した。

（借）未 払 法 人 税 等　　400,000　（貸）現　　　　金　　400,000

3 商品の仕入れや販売時などに課税取引として生じた消費税について，仕入時など取引先に支

払った消費税は**仮払消費税勘定**（資産）を用いて処理し，販売時など顧客（取引先）から受け取った消費税は**仮受消費税勘定**（負債）を用いて処理します。このような消費税の記帳方式を**税抜方式**といいます。決算時には仮受消費税と仮払消費税を相殺し，差額を**未払消費税勘定**（負債）に計上し，消費税の確定申告時にその納付を行います。また，前年度の消費税納付額が一定額を超える場合には，中間申告・納付が必要となり，中間納付額は仮払消費税勘定を用いて処理します。

〔商品売買の場合〕

- 商品¥50,000（本体価格）を仕入れ，消費税として10%分の金額を加算した代金を小切手の振出しにより支払った。

（借）仕　　　　　入	50,000	（貸）当　座　預　金	55,000
仮　払　消　費　税	5,000		

- 商品¥70,000（本体価格）を売り上げ，消費税として10%分の金額を加算した代金は掛けとした。

（借）売　　掛　　金	77,000	（貸）売　　　　　上	70,000
		仮　受　消　費　税	7,000

- 決算に際して，上記2つの取引から生じた消費税の記録にもとづいて，納付すべき消費税の額を負債に計上した。

（借）仮　受　消　費　税	7,000	（貸）仮　払　消　費　税	5,000
		未　払　消　費　税	2,000

- 消費税の確定申告を行い，前期の決算で計上した未払消費税¥2,000を現金で納付した。

（借）未　払　消　費　税	2,000	（貸）現　　　　　金	2,000

〔商品売買以外の場合〕

- 備品¥350,000（本体価格）を購入し，消費税として10%分の金額を加算した代金を当月末に支払うこととした。

（借）備　　　　　品	350,000	（貸）未　　払　　金	385,000
仮　払　消　費　税	35,000		

- 事務用消耗品¥50,000（本体価格）を購入し，消費税として10%分の金額を加算した代金を現金で支払った。

（借）消　耗　品　費	50,000	（貸）現　　　　　金	55,000
仮　払　消　費　税	5,000		

問題 14-1　次の各取引について仕訳しなさい。

① 固定資産税¥128,000を現金で納付した。

② 郵便局で収入印紙¥4,600と郵便切手¥1,500を購入し，現金で支払った。なお，収入印紙と郵便切手はすぐに使用した。

③ 営業用の自動車にかかる自動車税¥28,000を普通預金口座から納付した。

	借　方　科　目	金　　額	貸　方　科　目	金　　額
①				
②				
③				

問題 14-2　次の連続した取引について仕訳しなさい。

① 法人税，住民税及び事業税の中間申告を行い，¥250,000を普通預金口座から納付した。

② 決算の結果，法人税，住民税及び事業税が¥600,000と算定されたため，納付すべき税額とともに計上した。

③ 確定申告を行い，上記②の未払分を普通預金口座から納付した。

	借　方　科　目	金　　額	貸　方　科　目	金　　額
①				
②				
③				

問題 14-3　次の各取引について仕訳しなさい。

① 長崎株式会社は，法人税，住民税及び事業税の中間申告・納付につき，前年度の確定税額¥800,000の半額に相当する¥400,000を現金で納付した。

② 決算の結果，長崎株式会社の当期の法人税，住民税及び事業税が¥794,000と算定されたので，上記①の仮払法人税等を控除した金額を未払法人税等に計上した。

③ 決算の結果，深谷商会株式会社の税引前当期純利益が¥860,000と算定されたので，その30％を法人税，住民税及び事業税に計上することとした。なお，すでに中間申告で¥116,000を納付しており，この分は仮払法人税等で処理されている。

	借　方　科　目	金　　額	貸　方　科　目	金　　額
①				
②				
③				

問題 **14-4**　次の各取引について仕訳しなさい。

① 以下の納付書にもとづいて，普通預金口座から法人税を納付した。

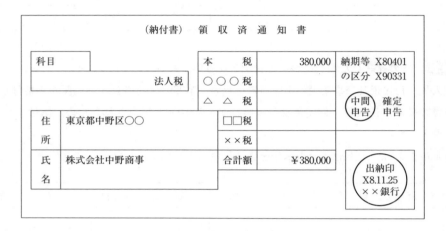

② 以下の納付書にもとづいて，普通預金口座から法人税を納付した。

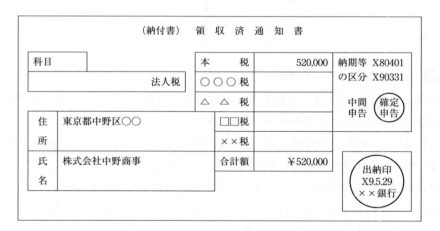

	借　方　科　目	金　　額	貸　方　科　目	金　　額
①				
②				

　次の連続した取引を税抜方式で仕訳しなさい。ただし，勘定科目は，最も適当と思われるものを選び，**記号で解答すること**。なお，商品売買の記帳方法は3分法によることとし，消費税率は10%とする。

　　　ア　現金　　　　　　イ　売掛金　　　　ウ　仮払消費税　　　エ　買掛金

　　　オ　未払消費税　　　カ　仮受消費税　　　キ　売上　　　　　　ク　仕入

① 広島株式会社は，商品¥10,000（本体価格）を仕入れ，代金は消費税を含めて掛けとした。

② 広島株式会社は，上記①の商品を¥15,000（本体価格）で売り上げ，代金は消費税を含めて掛けとした。

③ 決算にさいして，広島株式会社は，消費税の納付額を計算し，これを計上した。

④ 広島株式会社は，消費税の確定申告を行い，上記③の未払消費税を現金で納付した。

	借　方　科　目	金　　額	貸　方　科　目	金　　額
①				
②				
③				
④				

問題 14-6 次の各取引について仕訳しなさい。商品売買の記帳方法は3分法によることとし，消費税は税抜方式で記帳する。

① 商品を仕入れ，品物とともに次の納品書兼請求書を受け取った。

	納品書兼請求書		X8年10月1日	
石川商事株式会社　御中				
			新潟株式会社	
品名	数量	単価	金額	
婦人用小物 A	80	300	¥24,000	
婦人用小物 B	100	200	¥20,000	
婦人用小物 C	150	240	¥36,000	
代 金 は X8年10月31日 までにお支払下さい。	消費税		¥ 8,000	
	合計		¥88,000	

② 1日分の売上の集計結果は次のとおりであった。なお，合計額のうち¥42,900は現金，残りはクレジットカード利用による決済であった。クレジットカード販売額に対する手数料は3％であり，信販会社に対する債権から差し引くこととする。

	売上集計表			
			X8年12月13日	
品名	数量	単価	金額	
雑貨 X	50	400	¥20,000	
雑貨 Y	70	300	¥21,000	
雑貨 Z	80	350	¥28,000	
	消費税		¥ 6,900	
	合計		¥75,900	

③ 以下の納付書にもとづき，普通預金口座から消費税を納付した。

（納付書）領収済通知書		

科目　消費税及び地方消費税

本　税	160,000
○○○税	
△△税	
□□税	
××税	
合計額	￥160,000

納期等　X70401
の区分　X80331

中間申告　（確定申告）

住所　東京都新宿区○○
氏名　株式会社新宿商会

出納印
X8.5.17
××銀行

	借　方　科　目	金　　額	貸　方　科　目	金　　額
①				
②				
③				

第 15 章

伝　票

学習のポイント

1　3伝票制では，**入金伝票**，**出金伝票**および**振替伝票**が用いられます。入金伝票は現金の増加を，出金伝票は現金の減少を伴う取引において起票する伝票です。

入　金　伝　票	
売　掛　金	2,000
（山口商店）	

出　金　伝　票	
広告宣伝費	2,000

振　替　伝　票			
受 取 手 形	800	売　掛　金	800
		（東西商店）	

※上記の入金伝票と出金伝票は，次の各仕訳を起票したものです。

（入金伝票）（借）現　　　　　金　　　　2,000　（貸）売　　掛　　金　　　　2,000

（出金伝票）（借）広 告 宣 伝 費　　　　2,000　（貸）現　　　　　金　　　　2,000

2　3伝票制において，1つの取引が入出金取引とそれ以外の取引の2つからなる場合の取引を**一部振替取引**といいます。一部振替取引の起票方法には，以下の2つがあります。

・商品¥1,000を仕入れ，代金のうち¥300は現金で支払い，残額は掛けとした。

①　取引を分解して起票する方法

出　金　伝　票	
仕　　　入	300

振　替　伝　票			
仕　　　入	700	買　掛　金	700

②　取引を擬制して起票する方法

振　替　伝　票			
仕　　　入	1,000	買　掛　金	1,000

出　金　伝　票	
買　掛　金	300

（科目振替）

　複数の決済手段や内容により1つの取引を行う場合において，①取引を分解して起票する方法とは，複数ある内容（勘定科目）の記入をそれぞれの金額ごとに区切り，取引内容を細分化して起票する方法をいい，②取引を擬制する方法とは，全額をいったん掛けで取引したと仮定（擬制）して，起票する方法をいいます。よって，②取引を擬制する方法では，商品売買の取引金額について掛売買があったと仮定（擬制）して振替伝票に起票し，掛代金の一部を現金で支払った，または受け取ったものとして，出金伝票または入金伝票に起票します。

3 伝票に記入された内容を一定期間ごとに（毎日または毎週）集計する場合，**仕訳集計表**（仕訳日計表または仕訳週計表）が作成されます。総勘定元帳へは仕訳集計表から合計転記が行われますが，補助元帳へは個々の伝票から個別転記が行われます。

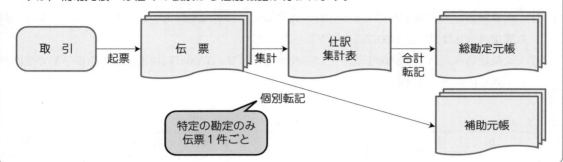

問題 **15-1** 次の取引について，一部振替取引の起票の方法として①取引を分解して起票する方法，②取引を擬制して起票する方法のそれぞれで起票し，買掛金元帳への記入も行いなさい。なお，掛代金の増減については，人名勘定を用いないこと。また，商品売買の記帳方法は3分法によること。

取引 X1年6月10日に，名古屋商店から商品¥100,000を仕入れ，代金のうち¥40,000は現金で支払い，残額は掛けとした。

① 取引を分解して起票する方法

<table>
<tr><td colspan="2">出 金 伝 票
X1年6月10日</td><td colspan="4">振 替 伝 票
X1年6月10日</td></tr>
<tr><td>科　目</td><td>金　額</td><td>借方科目</td><td>金　額</td><td>貸方科目</td><td>金　額</td></tr>
<tr><td></td><td></td><td></td><td></td><td></td><td></td></tr>
</table>

② 取引を擬制して起票する方法

<table>
<tr><td colspan="2">出 金 伝 票
X1年6月10日</td><td colspan="4">振 替 伝 票
X1年6月10日</td></tr>
<tr><td>科　目</td><td>金　額</td><td>借方科目</td><td>金　額</td><td>貸方科目</td><td>金　額</td></tr>
<tr><td></td><td></td><td></td><td></td><td></td><td></td></tr>
</table>

①の場合

買掛金元帳
名古屋商店

		6/ 1 前月繰越 120,000

②の場合

買掛金元帳
名古屋商店

		6/ 1 前月繰越 120,000

問題 **15-2** 次の各取引について，各伝票に起票しなさい。ただし，当社は3伝票制を採用し，一部振替取引は，取引を分解して起票する方法によること。なお，掛代金の増減については，人名勘定を用いないこと。また，商品売買の記帳方法は3分法によること。

① 三重商店から商品¥300,000を仕入れ，代金として同店宛の約束手形を振り出した。なお，引取費用（当社負担）¥3,000は現金で支払った。

② 大阪商店へ商品¥600,000を売り上げ，代金のうち¥400,000は同店振出しの約束手形で受け取り，残額は現金で受け取った。

①

出 金 伝 票	
科　目	金　額

振 替 伝 票			
借方科目	金　額	貸方科目	金　額

②

入 金 伝 票	
科　目	金　額

振 替 伝 票			
借方科目	金　額	貸方科目	金　額

問題 **15-3** 次の各取引の伝票記入について，空欄（ア）～（ケ）に当てはまる適切な勘定科目または金額を答えなさい。なお，使用しない伝票の解答欄には「記入なし」と答えること。また，商品売買取引の記帳方法は3分法によること。

① 商品¥400,000を仕入れ，代金のうち¥40,000は現金で支払い，残額は掛けとした。

出 金 伝 票	
科　目	金　額
（　　　　　）	（　ア　　）

振 替 伝 票			
借方科目	金　額	貸方科目	金　額
仕　　　　入	360,000	（　イ　）	360,000

② 商品¥180,000を売り渡し，代金のうち¥30,000は現金で受け取り，残額は掛けとした。なお，当社負担の発送費¥1,200は現金で支払った。

振 替 伝 票			
借方科目	金　額	貸方科目	金　額
売　掛　金	180,000	売　　　上	180,000

入 金 伝 票	
科　目	金　額
（　ウ　）	30,000

出 金 伝 票	
借方科目	金　額
（　エ　）	1,200

③ 今週のはじめに，旅費交通費支払用のICカードに現金¥10,000をチャージ（入金）し，仮払金として処理していた。本日，旅費交通費として¥2,800を使用したので，仮払金から同額を振り替えた。

出 金 伝 票	
科　目	金　額
（　オ　）	（　　　）

振 替 伝 票			
借方科目	金　額	貸方科目	金　額
（　　　）	（　　　）	（　カ　）	（　　　）

④ 備品¥500,000を購入し，引取費¥2,000と合わせて小切手を振り出して支払った。

出 金 伝 票	
科　目	金　額
（　　　）	（　キ　）

振 替 伝 票			
借方科目	金　額	貸方科目	金　額
（　　　）	（　ク　）	（　ケ　）	（　　　）

ア	イ	ウ	エ	オ

カ	キ	ク	ケ	

問題 15-4　山梨株式会社は，毎日の取引を入金伝票，出金伝票および振替伝票の３つの伝票に記入し，これを１日分ずつ集計して仕訳日計表を作成している。同社の X3年６月１日の取引について作成された次の各伝票にもとづいて，①仕訳日計表を作成し，②６月１日における千葉商店に対する買掛金残高を答えなさい。なお，５月31日時点における同店に対する買掛金の残高は¥130,000であった。

入金伝票	No. 11
未収入金	40,000

入金伝票	No. 12
売　　上	80,000

入金伝票	No. 13
売掛金（青森商店）	10,000

出金伝票	No. 21
買掛金（千葉商店）	50,000

出金伝票	No. 22
消耗品費	20,000

振替伝票	No. 31
買掛金（千葉商店）	15,000
支払手形	15,000

振替伝票	No.32
仕　　入	46,000
買掛金（千葉商店）	46,000

①

仕 訳 日 計 表
X3年６月１日

借　　方	勘 定 科 目	貸　　方
	現　　　　　金	
	売　　掛　　金	
	未　収　入　金	
	支　払　手　形	
	買　　掛　　金	
	売　　　　　上	
	仕　　　　　入	
	消　耗　品　費	

②　６月１日における千葉商店に対する買掛金残高　¥（　　　　　　　　　　）

100

問題 15−5 岐阜商事株式会社は，毎日の取引を入金伝票，出金伝票，および振替伝票に記入し，これを1日分ずつ集計して仕訳日計表を作成している。同社の X1年4月1日の取引に関して作成された以下の各伝票（略式）にもとづいて，仕訳日計表を作成し，総勘定元帳と売掛金元帳における各勘定へ転記しなさい。

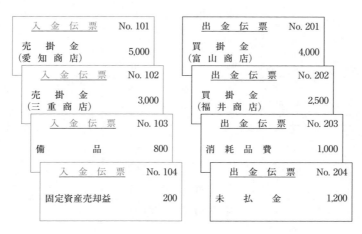

101

仕 訳 日 計 表

X1年4月1日

借　　方	勘 定 科 目	貸　　方
	現　　　　　金	
	受 取 手 形	
	売 　掛　 金	
	備　　　　品	
	買 　掛　 金	
	未 　払　 金	
	売　　　　上	
	仕　　　　入	
	消 耗 品 費	
	固 定 資 産 売 却 益	

総 勘 定 元 帳

現　　金		
4/ 1 前期繰越	40,000	

売 　掛　 金		
4/ 1 前期繰越	30,000	

備　　品		
4/ 1 前期繰越	8,000	

未 　払　 金		
	4/ 1 前期繰越	1,200

補 助 元 帳
売 掛 金 元 帳

愛 知 商 店		
4/ 1 前期繰越	20,000	

三 重 商 店		
4/ 1 前期繰越	10,000	

第 **16** 章

財 務 諸 表

学習のポイント

1　決算手続は，次のような手順で行われます。

| 試算表
の作成 | → | 棚卸表の作成
決算整理手続 | → | 精算表
の作成
※ | → | 決算振替手続
・損益振替手続
・資本振替手続 | → | 帳簿の締切り
・仕訳帳の締切り
・元帳の締切り | → | 財務諸表の作成
・貸借対照表
・損益計算書 |

※正式な決算手続として作成を要するものではありませんが，作成する場合は上記のタイミングで行います。

2　試算表は，期中の元帳記入が正しいかどうかを確認するために作成されます。

3　棚卸表の記載事項（決算整理事項）に従って，決算整理仕訳を行い，元帳記録を修正します。決算整理手続は，財政状態と経営成績を正しく表した財務諸表を作成するため，期中に行った元帳記録を修正する手続です。

4　精算表は，決算振替手続や帳簿の締切りを正確に帳簿上で行う前に，決算手続の妥当性について概観する目的で作成されます。決算整理手続を反映するためには，6桁精算表に修正記入欄（整理記入欄）を加えた8桁精算表を作成する必要があります。

精　算　表

勘 定 科 目	残高試算表		修正記入		損益計算書		貸借対照表	
	借方	貸方	借方	貸方	借方	貸方	借方	貸方
現　　　　　金	700						700	
繰 越 商 品	400		350	400			350	
買 　掛　 金		450						450
資　 　本 　　金		500						500
繰 越 利 益 剰 余 金		50						50
売　　　　　上		1,200				1,200		
仕　　　　　入	900		400	350	950			
給　　　　料	200				200			
法 人 税, 住 民 税 及 び 事 業 税			15		15			
未 払 法 人 税 等				15				15
当 期 純 利 益					35			35
	2,200	2,200	765	765	1,200	1,200	1,050	1,050

5　決算振替手続では，次のような手続を行います。

① **損益振替手続**……収益・費用に属する各勘定の残高を損益勘定に振り替えます。

② **資本振替手続**……損益勘定の貸借差額（当期純利益または当期純損失）を損益勘定から繰越利益剰余金勘定に振り替えます。

6　決算振替手続の次に，仕訳帳と元帳の締切りを行います。資産・負債・資本に属する勘定については，元帳上で各勘定残高を「次期繰越」と直接記入して締め切ります。

7　帳簿の締切りが終わると，財務諸表（貸借対照表と損益計算書）を作成して企業の財政状態および経営成績を報告します。貸借対照表の作成にあたっては，貸倒引当金や減価償却累計額のような資産の評価項目について，それぞれ売上債権や有形固定資産から間接的に控除する形式で記載するのが一般的です。また，貸借対照表と損益計算書の表示には勘定科目とは異なる**表示科目**が用いられるものがあります。勘定科目と表示科目が異なるものや，勘定残高を控除形式で記載するものには次のようなものがあります。

（貸借対照表で用いられる表示科目，表示方法）

資産の科目：繰越商品　　　➡　商品

未収利息など　➡　未収収益※

前払保険料など　➡　前払費用※

貸倒引当金　　➡　受取手形や売掛金などの個々の債権から控除，または貸倒引当金の設定対象となる債権全体から貸倒引当金を一括して控除する形式があります。なお，貸倒引当金として表示する金額は，貸倒れの見積額となります。

備品減価償却累計額など　➡　該当する有形固定資産から控除する形式で「減価償却累計額」

負債の科目：前受地代など　　➡　前受収益※

未払給料など　➡　未払費用※

※これらは原則的な表示科目ですが，問題の指示（答案の形式）によっては勘定科目のまま表示させる場合もあります。

（損益計算書で用いられる表示科目）

収益の科目：売上　　　　　➡　売上高

費用の科目：仕入　　　　　➡　売上原価

問題 16-1 以下の【資料1】と【資料2】にもとづいて，8月末の残高試算表を作成しなさい。
なお，解答に無関係の費用については「その他費用」として一括表示している。

【資料1】 X8年7月31日の残高試算表

借　方	勘　定　科　目	貸　方
343,000	現　　　　　金	
802,000	当　座　預　金	
400,000	電　子　記　録　債　権	
590,000	売　　掛　　金	
289,000	繰　越　商　品	
50,000	前　　払　　金	
1,800,000	建　　　　　物	
1,200,000	土　　　　　地	
	電　子　記　録　債　務	140,000
	買　　掛　　金	420,000
	所　得　税　預　り　金	12,000
	社　会　保　険　料　預　り　金	18,000
	貸　倒　引　当　金	13,000
	建物減価償却累計額	990,000
	資　　本　　金	1,400,000
	繰　越　利　益　剰　余　金	820,000
	売　　　　　上	7,600,000
4,130,000	仕　　　　　入	
1,470,000	給　　　　　料	
96,000	水　道　光　熱　費	
38,000	通　　信　　費	
72,000	法　定　福　利　費	
30,000	減　価　償　却　費	
103,000	そ　の　他　費　用	
11,413,000		11,413,000

【資料2】 X8年8月中の取引

2日　商品¥165,000を仕入れ，代金のうち¥50,000は注文時に支払った手付金と相殺し，残額は掛けとした。

3日　浦安商店に対する買掛金¥70,000について，取引銀行を通じて電子記録債務の発生記録の請求を行った。

8日　商品¥192,000を売り上げ，代金は掛けとした。

9日　所得税の源泉徴収額¥12,000を現金で納付した。

10日　浜松商店に対する売掛金¥200,000について，取引銀行から電子記録債権の発生記録の通知を受けた。

14日　売掛金¥160,000が当座預金口座に振り込まれた。

16日　買掛金¥110,000が当座預金口座から引き落とされた。

20日　給料¥260,000について，所得税の源泉徴収額¥11,000と従業員負担の社会保険料¥20,000を差し引いた手取額を，当座預金口座から支払った。

21日　水道光熱費¥13,000と電話料金¥8,000が当座預金口座から引き落とされた。

24日　商品の注文をし，手付金として現金¥30,000を支払った。

28日　電子記録債権¥300,000が決済され，当座預金口座に振り込まれた。
　　　電子記録債務¥80,000が決済され，当座預金口座から引き落とされた。

30日　社会保険料預り金¥18,000（従業員の負担額）について，会社負担額（従業員の負担額と同額とする）を加えて現金で納付した。

31日　建物について，当月分の減価償却費¥7,500を計上した。

残 高 試 算 表
X8年 8 月31日

借 方	勘 定 科 目	貸 方
	現　　　　　金	
	当 座 預 金	
	電 子 記 録 債 権	
	売　　掛　　金	
	繰 越 商 品	
	前　　払　　金	
	建　　　　　物	
	土　　　　　地	
	電 子 記 録 債 務	
	買　　掛　　金	
	所 得 税 預 り 金	
	社 会 保 険 料 預 り 金	
	貸 倒 引 当 金	
	建物減価償却累計額	
	資　　本　　金	
	繰 越 利 益 剰 余 金	
	売　　　　　上	
	仕　　　　　入	
	給　　　　　料	
	水 道 光 熱 費	
	通　信　費	
	法 定 福 利 費	
	減 価 償 却 費	
	そ の 他 費 用	

以下の【資料１】と【資料２】にもとづいて，下記の問いに答えなさい。なお，会計期間は X8年４月１日から X9年３月31日までの１年間である。

【資料１】 決算整理前残高試算表

借　　方	勘 定 科 目	貸　　方
477,000	現　　　　　金	
1,476,000	当 座 預 金	
1,273,000	普 通 預 金	
1,450,000	売　　掛　　金	
700,000	繰 越 商 品	
450,000	仮 払 消 費 税	
122,000	仮 払 法 人 税 等	
800,000	備　　　　　品	
	買　　掛　　金	451,000
	仮 受 消 費 税	780,000
	借　　入　　金	800,000
	貸 倒 引 当 金	10,000
	備品減価償却累計額	150,000
	資　　本　　金	2,000,000
	繰 越 利 益 剰 余 金	872,000
	売　　　　　上	7,800,000
	受 取 手 数 料	352,000
4,500,000	仕　　　　　入	
1,460,000	給　　　　　料	
295,000	租 税 公 課	
180,000	保　　険　　料	
32,000	支 払 利 息	
13,215,000		13,215,000

【資料２】 決算整理事項等

① 売掛金¥300,000が普通預金口座に振り込まれていたが，この取引が未記帳であった。

② 現金の手許有高は¥475,000であり，帳簿残高との差額の原因は不明である。

③ 売掛金の期末残高に対して４％の貸倒引当金を差額補充法により設定する。

④ 消費税の処理（税抜方式）を行う。

⑤ 期末商品棚卸高は¥660,000である。

⑥　備品について定額法（残存価額ゼロ，耐用年数4年）で減価償却を行う。なお，残高試算表の金額のうち¥200,000は当期の10月1日に取得したものである。新規取得分についても同様の条件で減価償却をするが，減価償却費は月割計算する。

⑦　購入時に費用処理した収入印紙の未使用高が¥17,000あるため，貯蔵品勘定に振り替える。

⑧　保険料の前払分が¥60,000ある。

⑨　借入金は当期の12月1日に借入期間1年，利率年2.4％で借り入れたもので，利息は元本返済日にまとめて支払うこととなっている。したがって，利息の未払分を月割で計上する。

⑩　法人税，住民税及び事業税が¥308,000と算定されたので，仮払法人税等との差額を未払法人税等として計上する。

問1　決算整理後残高試算表を作成しなさい。

問2　当期純利益または当期純損失の金額を答えなさい。なお，当期純損失の場合は，金額の頭に△を付すこと。

問1

決算整理後残高試算表

X9年3月31日

借　　方	勘 定 科 目	貸　　方
	現　　　　金	
	当 座 預 金	
	普 通 預 金	
	売 　掛 　金	
	繰 越 商 品	
	貯 　蔵 　品	
	（　　　）保険料	
	備　　　　品	
	買 　掛 　金	
	借 　入 　金	
	貸 倒 引 当 金	
	備品減価償却累計額	
	（　　　）利 息	
	未 払 消 費 税	
	未 払 法 人 税 等	
	資 　本 　金	
	繰 越 利 益 剰 余 金	
	売　　　　上	
	受 取 手 数 料	
	仕　　　　入	
	給　　　　料	
	租 税 公 課	
	保 　険 　料	
	貸倒引当金繰入	
	減 価 償 却 費	
	支 払 利 息	
	雑 （　　　　）	
	法人税,住民税及び事業税	

問2　¥（　　　　　　　　　）

110

問題 16-3 以下の【資料1】と【資料2】にもとづいて，下記の問に答えなさい。消費税は，【資料2】の②と⑩のみ考慮し，税抜方式で処理する。なお，当期は X7年4月1日から X8年3月31日までである。

【資料1】 決算整理前残高試算表

借　　方	勘 定 科 目	貸　　方
259,000	現　　　　　金	
776,000	普 通 預 金	
	当 座 預 金	154,000
656,000	売 　掛 　金	
296,000	仮 払 消 費 税	
75,000	仮 払 法 人 税 等	
412,000	繰 越 商 品	
300,000	貸 　付 　金	
600,000	備　　　　　品	
	買 　掛 　金	333,700
	仮 　受 　金	56,000
	仮 受 消 費 税	453,300
	貸 倒 引 当 金	7,000
	備品減価償却累計額	200,000
	資 　本 　金	995,000
	繰 越 利 益 剰 余 金	380,000
	売　　　　　上	4,533,000
	受 取 利 息	12,000
2,960,000	仕　　　　　入	
305,000	給　　　　　料	
450,000	支 払 家 賃	
35,000	水 道 光 熱 費	
7,124,000		7,124,000

【資料２】 決算整理事項等

① 仮受金は，得意先から受け入れた内容不明の入金であったが，その全額が売掛金の回収であることが判明した。

② 商品￥44,000（うち消費税￥4,000）を仕入れ，掛けとした取引が未処理であった。

③ 現金の実際有高は￥258,000なので，帳簿残高との差額を雑損または雑益とする。

④ 当座預金勘定の貸方残高を当座借越勘定に振り替える。なお，銀行とは，借越限度額を￥1,000,000とする当座借越契約を結んでいる。

⑤ 売掛金の期末残高に対して，差額補充法により３％の貸倒引当金を設定する。

⑥ 期末商品棚卸高は￥205,000である。上記②で未処理であった分もこの金額に含まれている。

⑦ 備品（残存価額ゼロ，耐用年数６年）について，定額法で減価償却を行う。

⑧ 貸付金は当期の12月１日に貸付期間１年，年利率４％で貸し付けたもので，利息は貸付時に一括で受け取っている。したがって，利息の前受分を月割で計上する。

⑨ 支払家賃の前払分が￥90,000ある。

⑩ 消費税の処理を行う。

⑪ 法人税，住民税及び事業税￥180,000を計上するとともに，仮払法人税等との差額を未払法人税等として計上する。

問１ 決算整理後残高試算表を作成しなさい。

問２ 当期純利益の金額を答えなさい。

問1

決算整理後残高試算表
X8年3月31日

借　方	勘　定　科　目	貸　方
	現　　　　　金	
776,000	普　通　預　金	
	売　　掛　　金	
	繰　越　商　品	
	貸　　付　　金	
600,000	備　　　　　品	
	買　　掛　　金	
	貸　倒　引　当　金	
	備品減価償却累計額	
	未　払　消　費　税	
	未　払　法　人　税　等	
	資　　本　　金	995,000
	繰　越　利　益　剰　余　金	380,000
	売　　　　　上	
	受　取　利　息	
	仕　　　　　入	
305,000	給　　　　　料	
	支　払　家　賃	
35,000	水　道　光　熱　費	
	貸　倒　引　当　金　繰　入	
	減　価　償　却　費	
	雑　（　　　　　）	
	法人税, 住民税及び事業税	
	当　座　借　越	
	（　　　　）利　息	
	（　　　　）家　賃	

問2　¥（　　　　　　　　）

以下の【決算整理事項等】にもとづいて，精算表を作成しなさい。なお，当期はX5年4月1日からX6年3月31日までである。

【決算整理事項等】

① 従業員が出張から帰社し，旅費交通費の精算をした結果，残金¥3,000を現金で受け取っていたが，この取引が未記帳であった。なお，この従業員には旅費の概算額として現金¥40,000を仮払いしていた。

② 売掛金¥150,000が当座預金口座に振り込まれていたが，この取引が未記帳であった。

③ 当座預金の貸方残高（上記②処理後の残高）を当座借越勘定に振り替える。なお，銀行とは借越限度額¥3,800,000の当座借越契約を結んでいる。

④ 電子記録債権と売掛金の期末残高合計に対して4％の貸倒引当金を差額補充法により設定する。

⑤ 仮払消費税と仮受消費税を相殺し，その差額を未払消費税として計上する。

⑥ 期末商品棚卸高は¥838,000である。売上原価は「売上原価」の行で計算する。

⑦ 建物（残存価額ゼロ，耐用年数30年）について定額法で減価償却を行う。

⑧ 保険料の前払分¥4,500を計上する。

⑨ 借入金は当期の6月1日に利率年4％で借り入れたものであり，その利息は毎年11月末日と5月末日にそれぞれ直前の半年分を支払う契約となっている。したがって，利息の未払分を月割で計上する。

精 算 表

勘 定 科 目	残高試算表		修正記入		損益計算書		貸借対照表	
	借方	貸方	借方	貸方	借方	貸方	借方	貸方
現　　　　金	355,000							
当 座 預 金		393,000						
電 子 記 録 債 権	400,000							
売 　 掛 　 金	750,000							
繰 越 商 品	920,000							
仮 　 払 　 金	40,000							
仮 払 消 費 税	720,000							
建 　 　 物	2,400,000							
土 　 　 地	1,456,000							
買 　 掛 　 金		240,000						
借 　 入 　 金		300,000						
仮 受 消 費 税		980,000						
貸 倒 引 当 金		18,000						
建物減価償却累計額		960,000						
資 　 本 　 金		1,500,000						
繰 越 利 益 剰 余 金		1,034,000						
売 　 　 上		9,800,000						
仕 　 　 入	7,200,000							
給 　 　 料	908,000							
旅 費 交 通 費	49,000							
保 　 険 　 料	21,000							
支 払 利 息	6,000							
	15,225,000	15,225,000						
当 座 借 越								
貸 倒 引 当 金 繰 入								
未 払 消 費 税								
売 上 原 価								
減 価 償 却 費								
（　　　　）保険料								
（　　　　）利 息								
当 期 純（　　　）								

問題 16-5 以下の【決算整理事項等】にもとづいて，精算表を作成しなさい。なお，当期は X7年4月1日から X8年3月31日までである。

【決算整理事項等】

① 決算日に，普通預金 A 銀行から普通預金 B 銀行に¥1,000,000を振り替え，そのさいに振込手数料¥400が普通預金 A 銀行の口座から差し引かれたが，これらの取引が未処理であった。

② 掛仕入れしていた商品¥25,000を品違いのために返品し，掛代金から差し引いたが，この取引が未処理であった。

③ 残高試算表の土地のうち¥300,000（帳簿価額）を¥380,000で売却し，売却代金を現金で受け取ったさいに以下の仕訳を行っていたので，適切に修正する。

  （借）現　　　　金　380,000 （貸）仮　受　金　380,000

④ 売掛金の期末残高に対して3％の貸倒引当金を差額補充法により設定する。

⑤ すでに費用処理した収入印紙のうち¥5,000は未使用であったので，貯蔵品勘定に振り替える。

⑥ 期末商品棚卸高は¥237,000である（上記②を考慮済み）。売上原価は「仕入」の行で計算する。

⑦ 備品（残存価額ゼロ，耐用年数5年）について定額法で減価償却を行う。なお，当社は減価償却費の計上にあたり，月割額を月次計上する処理方法によっている。

⑧ 給料の未払分が¥27,000ある。

⑨ 借入金は当期の12月1日に期間1年，利率年5％で借り入れたものであり，借入時に1年分の利息¥30,000が差し引かれている。したがって，利息の前払分を月割で計上する。

⑩ 出張から戻った従業員が，旅費交通費について次の領収書を提出した。旅費交通費については，従業員がいったん立て替え，翌月に従業員に支払うこととしているので，旅費交通費の総額を未払金に計上した。

領収書	領収書
運賃　¥2,200	宿泊費　¥7,800
岐阜タクシー㈱	南岐阜ホテル

精　算　表

勘 定 科 目	残高試算表		修正記入		損益計算書		貸借対照表	
	借方	貸方	借方	貸方	借方	貸方	借方	貸方
現　　　　　金	361,000							
普 通 預 金 A 銀 行	2,352,000							
普 通 預 金 B 銀 行	515,000							
売　　掛　　金	900,000							
繰 越 商 品	343,000							
備　　　　品	900,000							
土　　　　地	1,000,000							
買　　掛　　金		280,000						
未　　払　　金		40,000						
借　　入　　金		600,000						
仮　　受　　金		380,000						
貸 倒 引 当 金		15,000						
備品減価償却累計額		345,000						
資　　本　　金		2,100,000						
繰 越 利 益 剰 余 金		1,170,000						
売　　　　上		9,250,000						
仕　　　　入	5,750,000							
給　　　　料	780,000							
支 払 家 賃	980,000							
旅 費 交 通 費	75,000							
支 払 手 数 料	4,000							
租 税 公 課	25,000							
減 価 償 却 費	165,000							
支 払 利 息	30,000							
	14,180,000	14,180,000						
固定資産売却（　）								
貸倒引当金繰入								
貯　　蔵　　品								
（　　　）給　料								
（　　　）利　息								
当期純（　　　　）								

以下の【資料1】と【資料2】にもとづいて，貸借対照表と損益計算書を作成しなさい。なお，当期は X7年4月1日から X8年3月31日までの1年間である。

【資料1】 決算整理前残高試算表

借　　方	勘　定　科　目	貸　　方
241,000	現　　　　　金	
915,000	当　座　預　金	
352,000	電　子　記　録　債　権	
403,000	売　　掛　　金	
330,000	繰　越　商　品	
120,000	仮　払　法　人　税　等	
2,000,000	建　　　　　物	
400,000	備　　　　　品	
1,500,000	土　　　　　地	
	買　　掛　　金	774,000
	社　会　保　険　料　預　り　金	15,000
	貸　倒　引　当　金	14,000
	建物減価償却累計額	250,000
	備品減価償却累計額	50,000
	資　　本　　金	2,500,000
	繰　越　利　益　剰　余　金	1,510,000
	売　　　　　上	9,195,000
	受　取　手　数　料	431,000
7,476,000	仕　　　　　入	
620,000	給　　　　　料	
125,000	広　告　宣　伝　費	
37,000	水　道　光　熱　費	
60,000	通　　信　　費	
160,000	法　定　福　利　費	
14,739,000		14,739,000

【資料2】 決算整理事項等

①　現金の実際有高は￥228,000であった。帳簿残高との差額のうち￥12,000は水道光熱費の記帳漏れであることが判明したが，残額は原因不明なので，雑損または雑益として処理する。

②　売掛金￥155,000が当座預金口座に振り込まれていたが，この取引が未記帳である。

③ 電子記録債権および売掛金の期末残高に対して4％の貸倒引当金を差額補充法により設定する。

④ 期末商品棚卸高は¥290,000である。

⑤ 有形固定資産について，次の要領で定額法により減価償却を行う。

建物：残存価額ゼロ，耐用年数40年　備品：残存価額ゼロ，耐用年数4年

⑥ すでに費用処理した郵便切手¥4,000が未使用であったので，貯蔵品勘定に振り替える。

⑦ 受取手数料の前受分が¥78,000ある。

⑧ 法定福利費の未払分¥15,000を計上する。

⑨ 法人税，住民税及び事業税が¥229,000と計算されたので，仮払法人税等との差額を未払法人税等として計上する。

貸 借 対 照 表

X8年3月31日 （単位：円）

現　　　　金	（　　　）	買　掛　金	（　　　）
当 座 預 金	（　　　）	社会保険料預り金	（　　　）
電子記録債権（　　　）		前 受 収 益	（　　　）
売　掛　金（　　　）		（　　　）費用	（　　　）
（　　　）△（　　　）（　　　）		未払法人税等	（　　　）
商　　　　品	（　　　）	資　本　金	（　　　）
貯　蔵　品	（　　　）	繰越利益剰余金	（　　　）
建　　物（　　　）			
減価償却累計額△（　　　）（　　　）			
備　　品（　　　）			
減価償却累計額△（　　　）（　　　）			
土　　　地	（　　　）		
	（　　　）		（　　　）

損 益 計 算 書

X7年4月1日から X8年3月31日まで （単位：円）

売 上 原 価	（　　　）	売　上　高	（　　　）
給　　　料	（　　　）	受 取 手 数 料	（　　　）
広 告 宣 伝 費	（　　　）		
水 道 光 熱 費	（　　　）		
通　信　費	（　　　）		
法 定 福 利 費	（　　　）		
貸倒引当金繰入	（　　　）		
減 価 償 却 費	（　　　）		
雑（　　　）	（　　　）		
法人税,住民税及び事業税	（　　　）		
当 期 純（　　　）	（　　　）		
	（　　　）		（　　　）

119

以下の【資料1】と【資料2】にもとづいて，貸借対照表と損益計算書を作成しなさい。
なお，当期は X7年4月1日から X8年3月31日までの1年間である。

【資料1】 決算整理前残高試算表

借　　方	勘　定　科　目	貸　　方
264,000	現　　　　　金	
	当　座　預　金	183,000
659,000	売　　掛　　金	
410,000	繰　越　商　品	
370,000	仮　払　消　費　税	
3,000,000	建　　　　　物	
600,000	備　　　　　品	
2,826,000	土　　　　　地	
	買　　掛　　金	710,000
	仮　受　消　費　税	520,000
	仮　　受　　金	39,000
	貸　倒　引　当　金	10,000
	建物減価償却累計額	800,000
	備品減価償却累計額	240,000
	資　　本　　金	3,300,000
	繰越利益剰余金	1,938,000
	売　　　　　上	5,200,000
	受　取　手　数　料	120,000
3,700,000	仕　　　　　入	
940,000	給　　　　　料	
140,000	広　告　宣　伝　費	
151,000	水　道　光　熱　費	
13,060,000		13,060,000

【資料2】 決算整理事項等

① 買掛金¥110,000を現金で支払った取引が未処理である。

② 当座預金勘定の貸方残高全額を借入金勘定に振り替える。なお，取引銀行とは借越限度額を¥1,000,000とする当座借越契約を結んでいる。

③ 商品販売に関わる手付金¥25,000を現金で受け取ったさいに，以下の仕訳を行っていたので，適切に修正する。

（借）現　　　　　金　　25,000　（貸）売　　　　　上　　　25,000

④　仮受金は全額売掛金の回収によるものであることが判明した。

⑤　売掛金の期末残高に対して５％の貸倒引当金を差額補充法により設定する。

⑥　消費税の処理（税抜方式）を行う。

⑦　期末商品棚卸数量は1,000個，原価は@¥458である。

⑧　有形固定資産について以下の要領で，定額法により減価償却を行う。

建物：残存価額ゼロ，耐用年数30年

備品：残存価額ゼロ，耐用年数５年

⑨　受取手数料の未収分が¥14,000ある。

⑩　給料の未払分が¥33,000ある。

貸 借 対 照 表
X8年３月31日　　　　　　　　　　　　　　　　　（単位：円）

現　　　　　金		（　　　）	買　掛　金		（　　　）	
売　掛　金	（　　　）		前　受　金		（　　　）	
（　　　　）	△（　　　）	（　　　）	未 払 消 費 税		（　　　）	
商　　　　品		（　　　）	未　払　費　用		（　　　）	
未　収　収　益		（　　　）	借　入　金		（　　　）	
建　　　　物	（　　　）		資　本　金		（　　　）	
減価償却累計額	△（　　　）	（　　　）	繰越利益剰余金		（　　　）	
備　　　　品	（　　　）					
減価償却累計額	△（　　　）	（　　　）				
土　　　　地		（　　　）				
		（　　　）			（　　　）	

損 益 計 算 書
X7年４月１日からX8年３月31日まで　　　　　　　（単位：円）

売　上　原　価	（　　　）	売　上　高	（　　　）
給　　　　料	（　　　）	受 取 手 数 料	（　　　）
広 告 宣 伝 費	（　　　）		
水 道 光 熱 費	（　　　）		
貸倒引当金繰入	（　　　）		
減 価 償 却 費	（　　　）		
当 期 純（　　）	（　　　）		
	（　　　）		（　　　）

第 17 章

総合模擬問題(1)

問題 17-1 (45点) （満点100点，制限時間は全問で1時間）

下記の各取引について仕訳しなさい。ただし，勘定科目は，設問ごとに最も適当と思われるものを選び，**記号で解答する**こと。

① 郵便局で収入印紙¥6,000と郵便切手¥800を購入し，合計額を現金で支払った。なお，これらはすぐに使用した。

  ア　現金　　　　　イ　普通預金　　ウ　未払金

  エ　受取手数料　　オ　租税公課　　カ　通信費

② 大阪株式会社に商品¥350,000を売り上げ，送料¥5,000を含めた合計額を掛けとした。また，同時に配送業者へこの商品を引き渡し，送料¥5,000は後日支払うこととした。

  ア　現金　　イ　未払金　　ウ　買掛金　　エ　売上　　オ　発送費　　カ　売掛金

③ 社会保険料について，従業員から源泉徴収した¥150,000に会社負担分¥150,000を加えた合計額を普通預金口座から納付した。

  ア　普通預金　　イ　社会保険料預り金　　ウ　所得税預り金

  エ　給料　　　　オ　租税公課　　　　　　カ　法定福利費

④ 商品¥500,000を仕入れ，代金は掛けとした。なお，当社負担の引取運賃¥5,000は現金で支払った。

  ア　現金　　イ　当座預金　　ウ　売掛金　　エ　買掛金　　オ　売上　　カ　仕入

⑤ 鎌倉株式会社に対する貸付金¥1,000,000の満期日になり，元利合計が普通預金口座に振り込まれた。なお，年利率は1.4％，貸付期間は146日，利息は1年を365日として日割計算する。

  ア　普通預金　　イ　当座預金　　ウ　貸付金

  エ　借入金　　　オ　受取利息　　カ　支払利息

⑥ 営業用の建物の改修と修繕のためにかかった代金¥1,000,000を，小切手を振り出して支払った。この支出のうち¥800,000は改良（資本的支出），残額は定期修繕（収益的支出）である。

  ア　普通預金　　イ　当座預金　　ウ　建物　　エ　資本金　　オ　支払家賃　　カ　修繕費

⑦ 掛けで販売していた商品¥200,000のうち¥100,000が品違いのため返品され，掛代金から差し引いた。

  ア　売掛金　　イ　買掛金　　ウ　売上　　エ　雑益　　オ　仕入　　カ　雑損

⑧ 株式会社神奈川商事に対する売掛金¥200,000について，電子債権記録機関に債権の発生記録の請求を行った。

ア　受取手形　　イ　電子記録債権　　ウ　売掛金

エ　支払手形　　オ　電子記録債務　　カ　買掛金

⑨　神戸株式会社は，株式10,000株を1株当たり￥420で発行して増資を行い，株主からの払込金は当座預金とした。

　　ア　普通預金　　イ　当座預金　　　　ウ　借入金

　　エ　資本金　　　オ　繰越利益剰余金　カ　受取手数料

⑩　現金の帳簿残高は￥62,500，実際有高は￥60,700であり，不一致の原因を調査することとした。

　　ア　現金　イ　仮払金　ウ　仮受金　エ　雑益　オ　雑損　カ　現金過不足

⑪　建物の賃貸借契約を解約し，契約時に支払っていた敷金（保証金）￥400,000について，修繕にかかった費用￥160,000を差し引かれた残額が普通預金口座に振り込まれた。

　　ア　普通預金　　イ　建物　　　　ウ　差入保証金

　　エ　資本金　　　オ　支払家賃　　カ　修繕費

⑫　前期に貸倒れとして処理した売掛金￥100,000のうち￥40,000を現金で回収した。

　　ア　現金　　　　　　　イ　売掛金　　　　　　ウ　貸倒引当金

　　エ　償却債権取立益　　オ　貸倒引当金繰入　　カ　貸倒損失

⑬　日商株式会社から商品￥450,000を仕入れ，代金のうち￥90,000については注文時に支払った手付金と相殺し，残額については掛けとした。

　　ア　売掛金　　イ　前払金　　ウ　買掛金　　エ　前受金　　オ　売上　　カ　仕入

⑭　法人税，住民税及び事業税の中間申告を行い，普通預金口座から￥250,000を納付した。

　　ア　普通預金　　　　イ　当座預金　　ウ　仮払法人税等

　　エ　未払法人税等　　オ　租税公課　　カ　法人税，住民税及び事業税

⑮　金沢商事株式会社に商品を売り上げ，品物とともに次の納品書兼請求書を発送し，代金は掛けとした。なお，消費税の処理は，税抜方式で行う。

　　ア　売掛金　　イ　仮払消費税　　ウ　買掛金　　エ　仮受消費税　　オ　売上　　カ　仕入

	納品書　兼　請求書		X7年10月20日
金沢商事株式会社　御中			
		株式会社新潟商事	

品名	数量	単価	金額
商品X	25	12,000	￥300,000
商品Y	10	20,000	￥200,000
商品Z	8	38,000	￥304,000
	消費税		￥ 80,400
	合計		￥884,400

X7年11月30日までに合計代金を下記口座にお振り込みください。

○○銀行　新潟支店　普通　9999999　カ）ニイガタショウジ

	借 方 科 目	金　　額	貸 方 科 目	金　　額
①				
②				
③				
④				
⑤				
⑥				
⑦				
⑧				
⑨				
⑩				
⑪				
⑫				
⑬				
⑭				
⑮				

問題 **17-2** (20点)

(1) 次の【資料】にもとづいて，損益勘定，未払法人税等勘定および繰越利益剰余金勘定に必要な記入を行いなさい。なお，当期は X7年 4 月 1 日から X8年 3 月31日までである。

【資料】

1．当期の総売上高は¥28,750,000，売上戻り高は¥750,000である。

2．決算整理前の繰越利益剰余金の残高は¥3,420,000である。

3．決算にあたり，損益勘定で算定された税引前の利益に対して30％の法人税，住民税及び事業税を計上する。なお，期中に中間申告納付を¥480,000行い，仮払法人税等勘定で処理されている。

4．損益勘定では，仕入と法人税，住民税及び事業税以外の費用をまとめて「その他費用」と表示している。

【注意事項】

摘要欄の勘定科目等は，以下から最も適当なものを選択し，**記号で答えなさい**。同じ勘定科目等を複数回使用してよい。

ア	未払配当金	イ	利益準備金	ウ	繰越利益剰余金	エ	売上
オ	法人税，住民税及び事業税	カ	損益	キ	前期繰越	ク	次期繰越

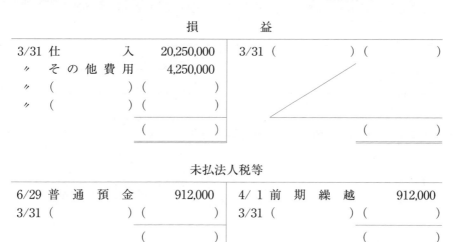

損　　　　　益

3/31 仕　　　　入	20,250,000	3/31 （　　　　）	（　　　　）
〃　その他費用	4,250,000		
〃　（　　　）	（　　　）		
〃　（　　　）	（　　　）		
	（　　　）		（　　　）

未払法人税等

6/29 普　通　預　金	912,000	4/ 1 前　期　繰　越	912,000
3/31 （　　　　）	（　　　）	3/31 （　　　　）	（　　　）
	（　　　）		（　　　）

繰越利益剰余金

6/23 未 払 配 当 金	1,200,000	4/ 1 （　　　）	（　　　）
〃　利 益 準 備 金	120,000	3/31 （　　　）	（　　　）
3/31 次　期　繰　越	（　　　）		
	（　　　）		（　　　）

(2) X7年5月における国分寺株式会社の取引にもとづいて，下記の問に答えなさい。

5月1日　三鷹不動産から土地¥4,000,000と建物¥3,000,000の引渡しを受け，代金は小切手を振り
出して支払った。なお，土地と建物は同日から使用している。

7日　先月末に府中商店へ掛けで売り上げていた商品¥400,000について不良品が見つかった
ため¥20,000の商品につき返品を受けた。

15日　国立商店から商品¥450,000を仕入れ，代金のうち半額は約束手形を振り出し，残額は
掛けとした。なお，同取引にかかる引取費用（当社負担）¥10,000を現金で支払った。

21日　小金井商店から売上代金として受け取っていた約束手形¥500,000の満期日になり，同
額が当社の当座預金口座に振り込まれた。また，立川商店に対する売掛金¥700,000が当
座預金口座に振り込まれた。

31日　月次決算処理のひとつとして，1日に購入した建物について，残存価額をゼロ，耐用年
数を25年とする定額法で減価償却を行い，減価償却費を月割で計上した。

問1　1日，7日，15日および21日の取引が，答案用紙に示されたどの補助簿に記入されるか答え
なさい。なお，解答にあたっては，該当するすべての補助簿の欄に○印を付すこと。

補助簿 日付	現　金出納帳	当座預金出 納 帳	商　品有高帳	売掛金（得意先）元帳	買掛金（仕入先）元帳	受取手形記 入 帳	支払手形記 入 帳	仕入帳	売上帳	固定資産台　　帳
1日										
7日										
15日										
21日										

問2　31日に計上される減価償却費の金額を答えなさい。　¥（　　　　　　　　　）

次の【資料1】と【資料2】にもとづいて，貸借対照表と損益計算書を作成しなさい。当期は X7年4月1日から X8年3月31日までの1年間である。なお，消費税については，【資料2】の10. のみ考慮する。

【資料1】 決算整理前残高試算表

借　　方	勘 定 科 目	貸　　方
412,000	現　　　　　金	
18,000	現 金 過 不 足	
2,350,000	当 座 預 金	
5,000,000	普 通 預 金	
1,000,000	売 　 掛 　 金	
800,000	繰 越 商 品	
2,000,000	貸 　 付 　 金	
350,000	仮 払 法 人 税 等	
1,020,000	仮 払 消 費 税	
70,000	仮 　 払 　 金	
4,500,000	建 　 　 　 物	
800,000	備 　 　 　 品	
5,800,000	土 　 　 　 地	
	買 　 掛 　 金	1,065,000
	仮 受 消 費 税	1,900,000
	貸 倒 引 当 金	5,000
	建物減価償却累計額	2,700,000
	備品減価償却累計額	400,000
	借 　 入 　 金	5,000,000
	資 　 本 　 金	7,800,000
	利 益 準 備 金	600,000
	繰 越 利 益 剰 余 金	700,000
	売 　 　 　 上	19,000,000
	受 取 手 数 料	200,000
10,200,000	仕 　 　 　 入	
3,480,000	給 　 　 　 料	
500,000	旅 費 交 通 費	
320,000	保 　 険 　 料	
300,000	水 道 光 熱 費	
100,000	通 　 信 　 費	
250,000	租 税 公 課	
100,000	支 払 利 息	
39,370,000		39,370,000

【資料2】 決算整理事項等

1. 売掛金¥200,000が当座預金口座に振り込まれていたが，この取引が未処理である。

2. 現金過不足の原因を調査したところ，通信費¥20,000と手数料の受取額¥3,000の記帳漏れが判明したが，残額については原因不明のため雑損または雑益として処理する。

3. 売掛金の期末残高に対して1％の貸倒れを見積もり，差額補充法により貸倒引当金を設定する。

4. 従業員が出張から帰社し，旅費交通費を精算したところ，残金¥8,500の返金を受けた。なお，出張にさいしてこの従業員には現金¥70,000を仮払いしていた。

5. 期末商品棚卸高は¥650,000である。

6. 有形固定資産について，定額法で減価償却を行う。

　　建物：残存価額ゼロ，耐用年数30年
　　備品：残存価額ゼロ，耐用年数5年

7. 費用処理した収入印紙の未使用高¥30,000を貯蔵品勘定に振り替える。

8. 保険料の前払分が¥80,000ある。

9. 貸付金は，当期の12月1日に取引先に対して期間1年，利率年1.8％，利息は元本回収時に受け取る条件で貸し付けたものである。したがって，当期にすでに発生している利息を月割で計上する。

10. 消費税の処理を税抜方式で行う。

11. 法人税，住民税及び事業税が¥950,000と算定されたので，仮払法人税等との差額を未払計上する。

貸 借 対 照 表

X8年3月31日 （単位：円）

現　　　　金	（　　　　）	買　掛　金		1,065,000
当 座 預 金	（　　　　）	未 払 消 費 税		（　　　　）
普 通 預 金	（　　　　）	未 払 法 人 税 等		（　　　　）
売 掛 金（　　　）		借　入　金		5,000,000
（　　　）△（　　　）（　　　　）		資　本　金		7,800,000
商　　　　品	（　　　　）	利 益 準 備 金		600,000
貯　蔵　品	（　　　　）	繰越利益剰余金		（　　　　）
前払（　　　）	（　　　　）			
未収（　　　）	（　　　　）			
貸　付　金	（　　　　）			
建　物（　　　）				
減価償却累計額△（　　　）（　　　　）				
備　品（　　　）				
減価償却累計額△（　　　）（　　　　）				
土　　　　地	5,800,000			
	（　　　　）			（　　　　）

損 益 計 算 書

X7年4月1日から X8年3月31日まで （単位：円）

売 上 原 価	（　　　　）	売　上　高	（　　　　）
給　　　料	3,480,000	受 取 手 数 料	（　　　　）
旅 費 交 通 費	（　　　　）	受 取 利 息	（　　　　）
保　険　料	（　　　　）		
水 道 光 熱 費	300,000		
通　信　費	（　　　　）		
租 税 公 課	（　　　　）		
貸倒引当金繰入	（　　　　）		
減 価 償 却 費	（　　　　）		
支 払 利 息	100,000		
雑（　　　）	（　　　　）		
法人税,住民税及び事業税	950,000		
当期純（　　　）	（　　　　）		
	（　　　　）		（　　　　）

第 18 章

総合模擬問題(2)

問題 18-1 (45点)　　　　　　　　　　　　　　　　（満点100点，制限時間は全問で1時間）

　下記の各取引について仕訳しなさい。ただし，勘定科目は，設問ごとに最も適当と思われるものを選び，**記号で解答する**こと。

① 商品¥150,000を販売し，代金の全額をA市が発行した商品券で受け取った。

　　ア　現金　　イ　売掛金　　ウ　受取手形　　エ　受取商品券　　オ　買掛金　　カ　売上

② 取引銀行に約束手形を振り出して¥4,000,000を借り入れ，利息は借入期間146日，利率年3％，1年を365日とする日割計算により差し引かれ，手取金は当座預金口座に振り込まれた。

　　ア　当座預金　　　イ　受取手形　　　ウ　支払手形

　　エ　手形借入金　　オ　支払利息　　　カ　雑損

③ 従業員の給料総額¥800,000の支給に際して，所得税の源泉徴収額¥30,000，住民税の源泉徴収額¥45,000および健康保険・厚生年金・雇用保険の社会保険料合計¥100,000を控除し，差引額を当社の普通預金口座から従業員の預金口座へ振り込んだ。

　　ア　住民税預り金　　　　イ　普通預金　　ウ　所得税預り金

　　エ　社会保険料預り金　　オ　給料　　　　カ　法定福利費

④ 商品¥400,000を売り上げ，代金は掛けとした。なお，当社負担の発送費¥5,000は現金で支払った。

　　ア　現金　　イ　当座預金　　ウ　売掛金　　エ　買掛金　　オ　売上　　カ　発送費

⑤ 商品¥900,000（本体価格）を仕入れ，代金は本体価格に対してかかる消費税10％とともに掛けとした。

　　ア　現金　　　　　イ　仮払消費税　　ウ　買掛金

　　エ　未払消費税　　オ　仕入　　　　　カ　租税公課

⑥ 商品陳列用の棚¥850,000を購入し，代金の全額を翌月払いとした。なお，購入にともない生じた引取運賃¥10,000は現金で支払った。

　　ア　現金　　イ　備品　　ウ　買掛金　　エ　未払金　　オ　仕入　　カ　発送費

⑦ 商品¥300,000をクレジット払いの条件で販売し，信販会社への手数料（売上代金の3％）を差し引いた残額を債権に計上した。

　　ア　当座預金　　イ　クレジット売掛金　　ウ　未収入金

　　エ　仮受金　　　オ　売上　　　　　　　　カ　支払手数料

⑧ 仕入先に対する電子記録債務¥200,000について支払期日となったため，当社の普通預金口座

からの自動引落しによる決済が行われた。

    ア　当座預金　　イ　普通預金　　　　ウ　電子記録債権

    エ　買掛金　　　オ　電子記録債務　　カ　仕入

⑨　当社の株主総会において，繰越利益剰余金残高¥800,000から株主への配当¥200,000および利益準備金の積立て¥20,000を行うことが承認された。

    ア　当座預金　　イ　普通預金　　　　ウ　未払配当金

    エ　資本金　　　オ　利益準備金　　　カ　繰越利益剰余金

⑩　仕入先に対する買掛金¥600,000を小切手を振り出して支払った。

    ア　現金　　イ　当座預金　　ウ　売掛金　　エ　買掛金　　オ　未払金　　カ　仕入

⑪　営業用自動車（取得原価¥3,300,000，減価償却累計額¥2,970,000，間接法で記帳）を当期首に¥350,000で売却し，代金は2週間後に当社の普通預金口座に振り込まれることになった。

    ア　普通預金　　　　　　　　イ　未収入金　　　　ウ　車両運搬具

    エ　車両運搬具減価償却累計額　オ　固定資産売却益　カ　固定資産売却損

⑫　得意先が倒産したため，前期の販売による売掛金¥700,000が貸倒れとなった。ただし，貸倒引当金の残高が¥400,000ある。

    ア　現金　　イ　売掛金　　　　ウ　貸倒引当金

    エ　売上　　オ　償却債権取立益　カ　貸倒損失

⑬　商品¥550,000を売り上げ，代金のうち¥110,000については注文時に受け取った手付金と相殺し，残額は掛けとした。

    ア　現金　　イ　売掛金　　ウ　前払金　　エ　買掛金　　オ　前受金　　カ　売上

⑭　決算の結果，収益合計は¥9,200,000，費用合計は¥8,800,000であり，当期の純損益を繰越利益剰余金勘定に振り替えた。

    ア　当座預金　　イ　資本金　　ウ　繰越利益剰余金　　エ　売上　　オ　仕入　　カ　損益

⑮　事務作業に使用する物品を購入し，納品とともに次の請求書を受け取り，代金は後日支払うこととした。なお，当社では単価¥100,000以上の物品を備品として処理し，単価¥100,000未満の物品は費用処理している。消費税は税抜方式で記帳する。

    ア　普通預金　　イ　備品　　ウ　仮払消費税　　エ　未払金　　オ　仕入　　カ　消耗品費

	請求書		X1年11月20日
金沢商事株式会社　御中			
		株式会社　富山商事	

品名	数量	単価	金額
パソコン	2	250,000	¥500,000
印刷用紙	5	500	¥2,500
	消費税		¥50,250
	合計		¥552,750

X1年12月20日までに合計代金を下記口座にお振り込みください。
○○銀行　富山支店　普通　9999999　カ）トヤマショウジ

	借 方 科 目	金 額	貸 方 科 目	金 額
①				
②				
③				
④				
⑤				
⑥				
⑦				
⑧				
⑨				
⑩				
⑪				
⑫				
⑬				
⑭				
⑮				

(1) 次の資料にもとづいて，下記の受取利息勘定と未収利息勘定の空欄①～⑥に入る適切な語句または金額を答えなさい。当期は X7年 4 月 1 日から X8年 3 月31日までである。

X7年 4 月 1 日　前期末に計上した未収利息（貸付金¥1,000,000に係るもの）の再振替仕訳を行った。この貸付金は，X6年12月 1 日に貸付期間 1 年間，年利率1.8%，利息は元本回収時に受け取る条件で A 社に対して貸し付けたものである。利息は月割計算する。

X7年11月30日　A 社に対する貸付金¥1,000,000の満期日にともない，元利合計が普通預金口座に振り込まれた。

X8年 1 月 1 日　B 社に対して，貸付期間 1 年間，年利率1.6%，利息は元本回収時に受け取る条件で¥3,000,000を貸し付け，当社の普通預金口座から B 社の普通預金口座に振り込んだ。

X8年 3 月31日　B 社に対する貸付金について，利息の未収分を月割計算で計上する。

受 取 利 息

(	)(	) (	①	)	(	)(	) (	②	)
(	)(	③	)(	④	)	(	)(	)(	)
		(		)			(		)

未 収 利 息

4/ 1 (	⑤	)(	)	4/ 1 (	)(	)
3/31 (		)(	)	3/31 (	)(	⑥	)
	(		)		(		)

①	②	③	④	⑤	⑥

(2) 次の固定資産台帳（備品）にもとづいて，問に答えなさい。減価償却は残存価額をゼロとする定額法で行っており，期中取得や売却の場合には，減価償却費は月割計算する。決算は毎年 3 月31日であり，当期は X7年 4 月 1 日から X8年 3 月31日までである。

固定資産台帳 （備品）　　　　　　　　X8年 3 月31日現在

取得年月日	種類	耐用年数	期首(期中取得)取 得 原 価	期首(期中取得)減価償却累計額	期首(期中取得)帳 簿 価 額	当　　　期減価償却費
X4年 4 月 1 日	A	5 年	2,400,000	(①)	?	?
X6年10月 1 日	B	4 年	1,600,000	( )	(②)	( )
X7年 7 月 1 日	C	8 年	4,000,000	0	4,000,000	(③)

問1　空欄①から③に入る金額を答えなさい。

問2　仮に，X7年12月31日に備品 A を¥480,000で売却した場合に生じる固定資産売却損益を答えなさい。

問1

①	②	③

問2　¥（　　　　　　　　　）の売却（　損　・　益　）　損か益のいずれかを○で囲むこと。

問題 18-3 （35点）

　以下の【決算整理事項等】にもとづいて，精算表を作成しなさい。なお，当期は X7年 4 月 1 日から X8年 3 月31日までである。

【決算整理事項等】

1. 現金の実際有高を確認したところ¥978,000であり，帳簿残高との差額の原因として収入印紙購入の記帳もれ¥2,500があることが判明したが，残額については未だ原因不明のため雑損または雑益として処理する。

2. 仮受金¥300,000は，全額が売掛金の回収であることが判明した。

3. 売掛金の期末残高に対して 1 ％の貸倒れを見積もり，差額補充法により貸倒引当金を設定する。

4. 期末商品棚卸高は¥2,420,000である。売上原価は仕入勘定で算定する。

5. 備品について，定額法（耐用年数10年，残存価額ゼロ）により減価償却を行う。
   なお，備品の勘定残高には期中の10月 1 日に取得した¥400,000が含まれており，これについても同様の条件で減価償却を行い，減価償却費は月割計算する。

6. 購入時に費用処理した収入印紙の未使用高が¥5,000あるため，貯蔵品勘定に振り替える。

7. 消費税の処理（税抜方式）を行う。

8. 支払家賃勘定の残高は，当期首に再振替仕訳した前期支出の 4 カ月分の家賃と，期中の 8 月 1 日に支出した 1 年分の家賃の合計額であるため，家賃の前払額を計上する。なお，家賃の月額は前期・当期ともに同額である。

9. 借入金は X7年10月 1 日に期間 1 年，利率年 2 ％，利息は元本返済時に支払う条件で借り入れたものである。当期末までの未払利息を月割計算により計上する。

10. 受取手数料は， 3 カ月ごとに手数料¥30,000を受け取っているものであるが，翌期の期間にかかる金額¥20,000が含まれているため，前受高として計上した。

11. 当期の利益にかかる法人税等¥800,000，および確定申告時に納付すべき額（未払法人税等）を計上する。

精　算　表

勘　定　科　目	残高試算表		修正記入		損益計算書		貸借対照表	
	借方	貸方	借方	貸方	借方	貸方	借方	貸方
現　　　　　金	980,000							
普　通　預　金	10,361,000							
売　　掛　　金	2,700,000							
繰　越　商　品	2,080,000							
仮払法人税等	350,000							
仮　払　消　費　税	2,060,000							
備　　　　　品	4,600,000							
買　　掛　　金		2,140,000						
借　　入　　金		5,000,000						
仮　　受　　金		300,000						
仮　受　消　費　税		3,480,000						
貸　倒　引　当　金		20,000						
備品減価償却累計額		1,155,000						
資　　本　　金		7,300,000						
繰越利益剰余金		1,500,000						
売　　　　　上		34,800,000						
受　取　手　数　料		140,000						
仕　　　　　入	20,600,000							
支　払　家　賃	2,784,000							
租　税　公　課	420,000							
そ　の　他　費　用	8,900,000							
	55,835,000	55,835,000						
雑　　（　　　　）								
貸倒引当金繰入								
減　価　償　却　費								
貯　　蔵　　品								
支　払　利　息								
（　　　）消費税								
前　払　家　賃								
（　　　）利　息								
（　　　）手数料								
未　払　法　人　税　等								
法　人　税　等								
当期純（　　　　）								

第19章

総合模擬問題(3)

問題 **19-1** (45点) （満点100点，制限時間は全問で1時間）

　下記の各取引について仕訳しなさい。ただし，勘定科目は，設問ごとに最も適当と思われるものを選び，**記号で解答する**こと。

① 借入金￥800,000と借入れにともなう利息￥16,000の合計額を普通預金口座から返済した。

　　ア　借入金　　　イ　普通預金　　ウ　貸付金

　　エ　受取利息　　オ　支払利息　　カ　支払手数料

② 郵便局で店舗の固定資産税￥76,000を現金で納付するとともに，収入印紙￥7,000と郵便切手￥800を現金で購入した。なお，収入印紙と郵便切手はすぐに使用した。

　　ア　通信費　　　イ　現金　　　ウ　建物　　　エ　租税公課　　　オ　雑費　　　カ　普通預金

③ かねて商品販売時に受け取った約束手形￥550,000が決済され，当座預金口座に振り込まれた。

　　ア　支払手形　　イ　当座預金　　ウ　仕入

　　エ　受取手形　　オ　売上　　　カ　受取利息

④ 事務所用の建物を賃借する契約を不動産会社と締結し，保証金（敷金）￥400,000，不動産会社に対する手数料￥200,000，1カ月分の家賃￥200,000を普通預金口座から支払った。

　　ア　建物　　　　イ　支払家賃　　　ウ　普通預金

　　エ　資本金　　　オ　支払手数料　　カ　差入保証金

⑤ クレジット売掛金￥360,000を回収し，回収額が当座預金口座に振り込まれた。

　　ア　売上　　　　イ　買掛金　　　ウ　仕入

　　エ　当座預金　　オ　受取手形　　カ　クレジット売掛金

⑥ 現金の実際有高が帳簿残高より￥4,300少なかったので，不一致の原因を調査したところ，タクシー代￥3,800の記帳漏れが判明した。なお，残額については継続して原因を調査することとした。

　　ア　雑損　　　　イ　現金過不足　　ウ　現金

　　エ　雑益　　　　オ　水道光熱費　　カ　旅費交通費

⑦ 期首に，不用になった備品（取得原価￥800,000，減価償却累計額￥720,000，間接法で記帳）を￥20,000で売却し，代金は現金で受け取った。

　　ア　備品　　　　イ　減価償却費　　　ウ　固定資産売却損

　　エ　現金　　　　オ　固定資産売却益　　カ　備品減価償却累計額

⑧　増資を行い，株式2,000株を１株当たり¥750で発行し，株主からの払込額が普通預金口座に振り込まれた。

　　ア　利益準備金　　イ　普通預金　　ウ　繰越利益剰余金
　　エ　借入金　　　　オ　資本金　　　カ　損益

⑨　期首に際して，前期末に計上した当座借越¥800,000を当座預金勘定に振り戻した。当社は，取引銀行との間に借越限度額¥1,000,000の当座借越契約を結んでいる。

　　ア　現金　　　　　イ　当座預金　　ウ　現金過不足
　　エ　未払金　　　　オ　貯蔵品　　　カ　当座借越

⑩　備品¥400,000を購入し，代金は10％の消費税を含めて，来月末に支払うこととした。なお，消費税は税抜方式で処理する。

　　ア　仮受消費税　　イ　仕入　　　　ウ　未払金
　　エ　買掛金　　　　オ　備品　　　　カ　仮払消費税

⑪　６月末に，本年度の雇用保険料¥720,000を一括して普通預金口座から納付した。このうち従業員負担分は¥240,000（月額相当額¥20,000）であり，残額は会社負担分である。従業員負担分については，４月から６月までの３カ月分は，毎月の給料の支給時に月額相当額を差し引いているため預り金で処理し，７月以降の９カ月分については，いったん会社が立て替えて支払い，その後の毎月の給料から精算することとしているので立替金で処理する。

　　ア　社会保険料預り金　　イ　従業員立替金　　ウ　法定福利費
　　エ　住民税預り金　　　　オ　普通預金　　　　カ　所得税預り金

⑫　得意先に対する売掛金¥360,000について，取引銀行から電子記録債権の発生記録の通知を受けた。

　　ア　電子記録債権　　イ　電子記録債務　　ウ　支払手形
　　エ　買掛金　　　　　オ　受取手形　　　　カ　売掛金

⑬　売掛金¥380,000（内訳は前期販売分¥350,000，当期販売分¥30,000）が当期に回収不能となり，貸倒れとして処理した。なお，貸倒引当金の残高は¥270,000である。

　　ア　貸倒引当金　　イ　償却債権取立益　　ウ　貸倒損失
　　エ　売掛金　　　　オ　雑損　　　　　　　カ　支払手数料

⑭　日商株式会社から商品¥162,000を仕入れ，次の約束手形を振り出した。

　　ア　受取利息　　イ　受取手形　　ウ　仕入
　　エ　手形借入金　オ　支払手形　　カ　手形貸付金

No.88	約束手形		
収入印紙	日商株式会社殿	支払期日	X8年11月30日
	金額　¥162,000	支払地	東京都　千代田区　△△
		支払場所	日商銀行　××支店

X8年９月22日
振出地　○○
振出人　東商株式会社　印

136

⑮　商品￥175,000を売り上げ，代金は掛けとした。なお，同時に配送業者へ商品を引き渡し，送料￥2,000（当社負担）は現金で支払った。

　　ア　仕入　　イ　買掛金　　ウ　売上　　エ　売掛金　　オ　発送費　　カ　現金

	借　方　科　目	金　　額	貸　方　科　目	金　　額
①				
②				
③				
④				
⑤				
⑥				
⑦				
⑧				
⑨				
⑩				
⑪				
⑫				
⑬				
⑭				
⑮				

(1) 当社は，建物を継続的に賃借している。賃貸借契約では，家賃は毎年11月1日に向こう1年分を前払いすることになっている。当期（X7年4月1日からX8年3月31日まで）の家賃に関する【資料】にもとづいて，2つの勘定への記入を行いなさい。

【資料】

X7年4月1日　期首にあたり，必要な再振替仕訳を行った。

X7年11月1日　契約更新にあたり，家賃の10%値上げに合意し，向こう1年分の家賃を普通預金口座から支払った。

X8年3月31日　決算にあたり，家賃について，月割計算による決算処理と勘定の締切りを行った。

支払家賃

4/1	（　　）	（　　）	3/31	（　　）	（　　）
11/1	（　　）	（　　）	〃	（　　）	（　　）
		（　　）			（　　）

（　　）家賃

4/1	前 期 繰 越	490,000	4/1	支 払 家 賃	490,000
3/31	（　　）	（　　）	3/31	（　　）	（　　）
		（　　）			（　　）

(2) 次の3月中の取引にもとづいて，移動平均法による商品有高帳の記入を行い，月末付けで締め切りなさい。また，3月の売上総利益を答えなさい。

3月6日 株式会社前橋商店にB商品150個を@¥420で売り渡し，代金は掛けとした。

12日 株式会社高崎商店からB商品200個を@¥310で仕入れ，代金は掛けとした。なお，引取運賃¥2,000は現金で支払った。

20日 株式会社前橋商店にB商品150個を@¥430で売り渡し，代金は掛けとした。

25日 株式会社前橋商店から，掛け代金のうち¥69,000を現金で受け取った。

商 品 有 高 帳
B 商 品

X1年		摘 要	受 入			払 出			残 高		
			数 量	単価	金 額	数 量	単価	金 額	数 量	単価	金 額
3	1	前月繰越	200	300	60,000				200	300	60,000
	6	売 上									
	31	次月繰越									

売上総利益　¥（　　　　　　　　）

　以下の【資料1】と【資料2】にもとづいて，下記の問に答えなさい。消費税の仮受け・仮払いは，売上取引・仕入取引のみで行うものとし，税抜方式で処理する。なお，会計期間はX7年4月1日からX8年3月31日までである。

【資料1】　決算整理前残高試算表

借　方	勘 定 科 目	貸　方
98,000	現　　　　　金	
1,689,000	普 通 預 金	
1,310,000	売　掛　金	
330,000	繰 越 商 品	
420,000	仮 払 消 費 税	
70,000	仮 払 法 人 税 等	
600,000	備　　　品	
	買　掛　金	433,000
	電 子 記 録 債 務	125,000
	前　受　金	30,000
	借　入　金	400,000
	仮 受 消 費 税	650,000
	貸 倒 引 当 金	2,000
	備品減価償却累計額	（各自計算）
	資　本　金	（各自計算）
	繰 越 利 益 剰 余 金	591,000
	売　　　上	6,500,000
4,200,000	仕　　　入	
1,190,000	給　　　料	
360,000	支 払 家 賃	
62,000	通 信 費	
24,000	保 険 料	
3,000	支 払 利 息	
10,356,000		10,356,000

【資料２】　決算整理事項等

① 買掛金￥120,000について，電子記録債務の発生記録の請求を行い，その承諾を受けたが，この取引が未処理であった。

② 商品を税込価格￥220,000で売り上げ，代金のうち￥30,000は前受金と相殺し，残額を掛けとしたが，この取引が未処理であった。なお，消費税率は10％である。

③ 現金の実際有高は￥93,000であった。帳簿残高との差額のうち￥3,500は通信費の記入漏れと判明したが，残額は原因不明なので雑損または雑益とする。

④ 売掛金の期末残高に対して２％の貸倒引当金を差額補充法で設定する。

⑤ 上記②を考慮後の期末商品棚卸高は￥178,000である。

⑥ 備品について，耐用年数４年，残存価額ゼロの定額法により減価償却を行う。なお，この備品は，X4年10月１日に取得して，同日から使用を開始しているものであり，前期末までの減価償却は月割計算で適切に行われている。

⑦ 消費税の処理を税抜方式で行う。

⑧ 借入金は当期の６月１日に期間１年，利率年1.5％の条件で借り入れたもので，利息は11月末日と返済日に６カ月分をそれぞれ支払うことになっている。利息の計算は月割による。

⑨ 保険料の前払分が￥8,000ある。

⑩ 法人税，住民税及び事業税￥150,000を計上する。なお，中間納付額は仮払法人税等で処理している。

問１　決算整理後残高試算表を作成しなさい。

問２　当期純利益の金額を答えなさい。

問1

決算整理後残高試算表
X8年 3月31日

借　　方	勘 定 科 目	貸　　方
	現　　　　　金	
	普 通 預 金	
	売 　掛 　金	
	繰 越 商 品	
	備　　　　　品	
	買 　掛 　金	
	電 子 記 録 債 務	
	借 　入 　金	
	貸 倒 引 当 金	
	備品減価償却累計額	
	資 　本 　金	
	繰 越 利 益 剰 余 金	
	売　　　　　上	
	仕　　　　　入	
	給　　　　　料	
	支 払 家 賃	
	通 　信 　費	
	保 　険 　料	
	支 払 利 息	
	雑 （　　　　　）	
	貸 倒 引 当 金 繰 入	
	減 価 償 却 費	
	（　　　　） 利 息	
	前 払 保 険 料	
	未 払 消 費 税	
	法人税, 住民税及び事業税	
	未 払 法 人 税 等	

問2　¥ （　　　　　　　　　　）

142

解答編

■以下の「解答編」は，取りはずしてご利用
いただくことが可能です。取りはずす場合
には，この色紙は残したまま，「解答編」
をゆっくり引き離してください。

検定簿記ワークブック 3級/商業簿記

〔解答編〕

中央経済社

第1章
簿記の意義としくみ

問題 1−1

（ア 財　　貨 ）（イ 債　　権 ）（ウ 債　　務 ）（エ 資 本 金 ）（オ 当期純利益）

（カ 当期純損失）（キ 収　　益 ）（ク 費　　用 ）（ケ 貸借対照表）（コ 損益計算書）

解説

(1)の文章は，資産・負債の意味と，資本の内容をあらわしています。

(2)の文章は，財産法による当期純損益の計算の意味をあらわしています。

(3)の文章は，収益・費用の意味をあらわしています。

(4)の文章は，簿記の目的を果たすために，会計期末に作成される財務諸表の種類をあらわしています。

問題 1−2

貸 借 対 照 表

株式会社東京商店　　　　　　　　　　　X2年3月31日

資　　　　産	金　　額	負債および純資産	金　　額
現　　　　金	450,000	買　　掛　　金	300,000
売　　掛　　金	350,000	借　　入　　金	500,000
建　　　　物	2,250,000	資　　本　　金	2,500,000
備　　　　品	400,000	繰越利益剰余金	150,000
	3,450,000		3,450,000

解説

貸借対照表は，財政状態をあらわすために作成される計算書です。

貸借対照表の左側には資産を，右側には負債および資本を記入します。期末の貸借対照表を作成する場合には，期末資本を資本金と繰越利益剰余金（利益の留保額）に分けて表示します。

貸 借 対 照 表

株式会社神奈川商店　　　　　　　　X2年3月31日

資　　　　　産	金　　　額	負債および純資産	金　　　額
現　　　　　金	450,000	買　　掛　　金	250,000
売　　掛　　金	350,000	借　　入　　金	700,000
建　　　　　物	2,500,000	資　　本　　金	2,700,000
備　　　　　品	650,000	繰越利益剰余金	300,000
	3,950,000		3,950,000

解説

　期首資本は，4月1日の期首資産から期首負債を差し引いた額，または同日の資本金と繰越利益剰余金の合計額になります。

- 期首資本＝期首資産￥3,450,000−期首負債￥500,000＝￥2,950,000

　　または，期首の資本金￥2,700,000＋繰越利益剰余金￥250,000＝￥2,950,000

期末資本は，3月31日の期末資産から期末負債を差し引いた額になります。

- 期末資本＝期末資産￥3,950,000−期末負債￥950,000＝￥3,000,000
- 当期純損益＝期末資本￥3,000,000−期首資本￥2,950,000＝（＋）￥50,000
- 期末繰越利益剰余金（貸借対照表に記載）＝期首繰越利益剰余金￥250,000＋当期純利益￥50,000＝￥300,000

　　または，期末資本￥3,000,000−決算前の資本金￥2,700,000＝￥300,000

　貸借対照表に記載する繰越利益剰余金は，期首繰越利益剰余金に当期純利益を加算（当期純損失の場合は減算）して求めます。

損 益 計 算 書

株式会社埼玉商店　　　　　X1年4月1日から X2年3月31日まで

費　　　　　用	金　　　額	収　　　　　益	金　　　額
仕　　　　　入	2,380,000	売　　　　　上	3,000,000
給　　　　　料	360,000	受 取 手 数 料	20,000
広 告 宣 伝 費	36,000		
支 払 家 賃	120,000		
水 道 光 熱 費	42,000		
消 耗 品 費	12,000		
当 期 純 利 益	70,000		
	3,020,000		3,020,000

解説

損益計算書は，経営成績をあらわすために作成される計算書です。

損益計算書の左側には費用を，右側には収益を記入します。収益と費用の差額は，当期純損益となります。

当期純損益の表示は，当期純利益の場合は左側に，当期純損失の場合は右側に表示します。

決算で作成する貸借対照表や損益計算書のことを財務諸表といいます。

損 益 計 算 書

株式会社茨城商店　　　　X1年 4 月 1 日から X2年 3 月31日まで

費　　　用	金　　額	収　　　益	金　　額
仕　　　入	1,479,000	売　　　上	2,100,000
給　　　料	300,000	受 取 手 数 料	25,000
広 告 宣 伝 費	75,000		
支 払 家 賃	150,000		
水 道 光 熱 費	8,500		
支 払 利 息	2,500		
当 期 純 利 益	110,000		
	2,125,000		2,125,000

貸 借 対 照 表

株式会社茨城商店　　　　X2年 3 月31日

資　　　産	金　　額	負債および純資産	金　　額
現　　　金	699,000	買　掛　金	290,000
売　掛　金	355,000	借　入　金	100,000
備　　　品	646,000	資　本　金	1,000,000
		繰越利益剰余金	310,000
	1,700,000		1,700,000

解説

　損益計算書の作成は，期間中の収益・費用を記入して行います。収益と費用の差額から，当期純利益を計算します。貸借対照表の作成は，期末の資産・負債・資本を記入して行います。期末資本は，期末の資産総額から負債総額を差し引いて￥1,310,000となり，貸借対照表では資本金と繰越利益剰余金に分けて表示します。繰越利益剰余金の金額は，期末資本￥1,310,000から資本金￥1,000,000を差し引く，または期首の繰越利益剰余金￥200,000に当期純利益￥110,000を加算して求めます。

問題 2-1

(1)（ × ）　(2)（ × ）　(3)（ ○ ）　(4)（ × ）　(5)（ ○ ）　(6)（ ○ ）　(7)（ ○ ）

解説

　企業の財産に増加または減少がある場合は，簿記上の取引となります。契約や注文だけでは，その時点において財産の増減はありませんので，簿記上の取引にはなりません。

問題 2-2

(1)（ ウ ）　(2)（ イ ）　(3)（ ア ）　(4)（ オ ）　(5)（ イ ）　(6)（ エ ）

解説

　複式簿記では，取引を二面的な情報によりとらえます。財産の変動は，どのような理由（原因）から生じたのか，変動とその理由の組合せを取引要素であらわしたものが取引要素の結合関係となります。勘定への増加・減少・発生の記入は，各勘定の記入法に従って行われます。

問題 2-3

	借 方 科 目	金 額	貸 方 科 目	金 額
1／ 4	現　　　　　金 建　　　　　物	500,000 5,000,000	資　　本　　金	5,500,000
7	備　　　　　品	200,000	現　　　　　金	200,000
10	仕　　　　　入	400,000	買　　掛　　金	400,000
15	現　　　　　金 売　　掛　　金	350,000 250,000	売　　　　　上	600,000
17	仕　　　　　入	600,000	現　　　　　金 買　　掛　　金	200,000 400,000
20	水 道 光 熱 費	20,000	現　　　　　金	20,000
25	給　　　　　料	100,000	現　　　　　金	100,000
26	現　　　　　金 売　　掛　　金	250,000 250,000	売　　　　　上	500,000
28	現　　　　　金	250,000	売　　掛　　金	250,000
31	現　　　　　金	100,000	借　　入　　金	100,000

解説

　仕訳は，勘定科目とその金額により記入を行い，借方に記入した勘定の合計額と貸方に記入した勘定の合計額は同額となります。

1／ 4　株主からの出資を受けた金額は，「資本金」として処理します。

1／10, 15　商品売買の記帳法は3分法によるため，商品の仕入時は原価で「仕入」，商品の売上時は売価で「売上」として処理します。よって，10日は購入した金額¥400,000を借方に「仕入」として記帳し，15日は売り渡した金額¥600,000（売価）を貸方に「売上」として記帳します。

1／20　水道光熱費は，水道料・電気・ガス代の記帳に用いる勘定科目です。

	借方科目	金額	貸方科目	金額
1/ 3	現　　　　金	300,000	資　本　金	1,800,000
	建　　　　物	1,500,000		
5	現　　　　金	100,000	借　入　金	100,000
7	仕　　　　入	60,000	現　　　　金	20,000
			買　掛　金	40,000
12	現　　　　金	30,000	売　　　　上	80,000
	売　掛　金	50,000		
16	現　　　　金	4,000	受取手数料	4,000
18	支　払　地　代	5,000	現　　　　金	5,000
21	現　　　　金	50,000	売　掛　金	50,000
23	買　掛　金	40,000	現　　　　金	40,000
25	給　　　　料	30,000	現　　　　金	30,000
31	借　入　金	50,000	現　　　　金	50,100
	支　払　利　息	100		

総 勘 定 元 帳

現　　金　　　1

1/ 3 資本金	300,000	1/ 7 仕　　入	20,000
5 借入金	100,000	18 支払地代	5,000
12 売　　上	30,000	23 買掛金	40,000
16 受取手数料	4,000	25 給　　料	30,000
21 売掛金	50,000	31 諸　　口	50,100

売　掛　金　　　2

1/12 売　　上	50,000	1/21 現　　金	50,000

建　　物　　　3

1/ 3 資本金	1,500,000		

買　掛　金　　　4

1/23 現　　金	40,000	1/ 7 仕　　入	40,000

借　入　金　　　5

1/31 現　　金	50,000	1/ 5 現　　金	100,000

資　本　金　　　6

		1/ 3 諸　　口	1,800,000

売　　上　　　7

		1/12 諸　　口	80,000

受取手数料　　　8

		1/16 現　　金	4,000

仕　　入　　　9

1/ 7 諸　　口	60,000		

給　　料　　　10

1/25 現　　金	30,000		

支　払　地　代　　　11

1/18 現　　金	5,000		

支　払　利　息　　　12

1/31 現　　金	100		

解説

　転記は，仕訳の各勘定科目の金額を，該当する勘定へ仕訳と同じ側に記入するとともに，取引の日付と相手勘定科目を記入します。また，相手勘定科目が2つ以上の場合には，諸口と記入します。

	借　方　科　目	金　　額	貸　方　科　目	金　　額
①	仕　　　　入	700,000	現　　　　金	400,000
			買　　掛　　金	300,000
②	現　　　　金	350,000	売　　　　上	350,000
③	売　　掛　　金	420,000	売　　　　上	420,000
④	現　　　　金	300,000	売　　掛　　金	300,000
⑤	買　　掛　　金	200,000	現　　　　金	200,000

解説

　各勘定には，日付と相手勘定科目の記入が転記として行われているため，日付ごとの借方の勘定と貸方の勘定の科目を金額とともに仕訳として書き出せば，上記の仕訳を導き出せます。勘定記録の（　）の金額または相手勘定科目は，書き出した仕訳の借方と貸方の金額合計はそれぞれ一致すること，その仕訳から相手勘定科目を見ることで推定できます。

問題 2−6

①	3,000,000	②	400,000	③	2,000,000	④	1,200,000
⑤	2,400,000	⑥	600,000	⑦	700,000		

解説

取引の各日付の記入内容が，勘定記入におけるどの日付の転記面と一致するかを考えます。

各日付の取引と，転記面の日付（a〜f）との対応を考えると以下の仕訳になります。

```
1／ 3 （借）現　　　　金  3,000,000 （貸）資　本　金  3,000,000 …転記 a
    6 （借）備　　　　品    400,000 （貸）現　　　　金    400,000 …転記 d
    9 （借）仕　　　　入  2,000,000 （貸）現　　　　金  1,200,000 …転記 e
                                    （貸）買　掛　金      800,000
   13 （借）現　　　　金  1,000,000 （貸）売　　　　上  2,400,000 …転記 b
        売　　掛　　金  1,400,000
   23 （借）買　　掛　　金    600,000 （貸）現　　　　金    600,000 …転記 f
   27 （借）現　　　　金    700,000 （貸）売　　掛　　金    700,000 …転記 c
```

問題 3-1

仕 訳 帳　　　　　　　　　　　　　　　1

X1年		摘　　　　要	元丁	借　　方	貸　　方
1	2	（　現　　金　）	1	1,000,000	
		（　資　本　金　）	7		1,000,000
		株主から出資を受けて営業を開始			
	5	（　仕　　入　）　　諸　　口	9	300,000	
		（　現　　金　）	1		100,000
		（　買　掛　金　）	6		200,000
		さいたま商事から仕入れ			

総 勘 定 元 帳

標準式　　　　　　　　　　　　　現　　金　　　　　　　　　　　　　1

X1年		摘　要	仕丁	借　方	X1年		摘　要	仕丁	貸　方
1	2	資　本　金	1	1,000,000	1	5	仕　　入	1	100,000

買　掛　金　　　　　　　　　　　　　6

					X1年		摘　要	仕丁	貸　方
					1	5	仕　　入	1	200,000

資　本　金　　　　　　　　　　　　　7

					X1年		摘　要	仕丁	貸　方
					1	2	現　　金	1	1,000,000

仕　　入　　　　　　　　　　　　　9

X1年		摘　要	仕丁	借　方					
1	5	諸　　口	1	300,000					

解説

　仕訳帳の記入にあたっては，摘要欄の勘定科目には（　）を付け，元丁欄は総勘定元帳への転記後，各勘定口座の番号を記入します。借方・貸方欄には，摘要で記した勘定と同じ側にその金額を記入しますが，（　）は不要です。

　総勘定元帳の各勘定口座における仕丁欄は，仕訳帳のページ番号を記入し，相手勘定科目が2つ以上ある場合の摘要欄の記入は，「諸口」とします。

仕 訳 帳 1

X1年		摘　　　　要	元丁	借　　方	貸　　方
1	3	諸　　口　（　資 本 金　）	5		1,700,000
		（　現　　　金　）	1	1,400,000	
		（　備　　　品　）	3	300,000	
		株主から出資を受けて会社を設立し, 事業開始			
	7	（　仕　　　入　）　諸　　口	7	300,000	
		（　現　　　金　）	1		100,000
		（　買 掛 金　）	4		200,000
		新宿商店から仕入れ			
	12	諸　　口　（　売　　上　）	6		350,000
		（　現　　　金　）	1	150,000	
		（　売 掛 金　）	2	200,000	
		港商店に売り渡し			
	21	（　給　　料　）	8	70,000	
		（　現　　　金　）	1		70,000
		本月分の給料支払い			
	25	（　現　　金　）	1	100,000	
		（　売 掛 金　）	2		100,000
		港商店から回収			
		次ページへ		2,520,000	2,520,000

仕 訳 帳 2

X1年		摘　　　　要	元丁	借　　方	貸　　方
		前ページから		2,520,000	2,520,000
1	28	（　支 払 家 賃　）	9	30,000	
		（　現　　　金　）	1		30,000
		本月分の家賃支払い			
	30	（　買 掛 金　）	4	200,000	
		（　現　　　金　）	1		200,000
		新宿商店へ支払い			

解説

　仕訳帳の各ページの最終行では, それまでの取引の合計額（「前ページから」の金額を含む）を「次ページへ」として記入し, 2ページ以降の最初の行では, 前ページの合計額（「次ページへ」）を「前ページから」として記入します。

総 勘 定 元 帳

現　金　　1

X1年		摘　　要	仕丁	借　方	X1年		摘　　要	仕丁	貸　方
1	3	資　本　金	1	1,400,000	1	7	仕　　入	1	100,000
	12	売　　上	〃	150,000		21	給　　料	〃	70,000
	25	売　掛　金	〃	100,000		28	支　払　家　賃	2	30,000
						30	買　掛　金	〃	200,000

売　掛　金　　2

1	12	売　　上	1	200,000	1	25	現　　金	1	100,000

備　品　　3

1	3	資　本　金	1	300,000					

買　掛　金　　4

1	30	現　　金	2	200,000	1	7	仕　　入	1	200,000

資　本　金　　5

					1	3	諸　　口	1	1,700,000

売　上　　6

					1	12	諸　　口	1	350,000

仕　入　　7

1	7	諸　　口	1	300,000					

給　料　　8

1	21	現　　金	1	70,000					

支　払　家　賃　　9

1	28	現　　金	2	30,000					

残高式　　　　現　金　　1

X1年		摘　　要	仕丁	借　方	貸　方	借/貸	残　高
1	3	資　本　金	1	1,400,000		借	1,400,000
	7	仕　　入	〃		100,000	〃	1,300,000
	12	売　　上	〃	150,000		〃	1,450,000
	21	給　　料	〃		70,000	〃	1,380,000
	25	売　掛　金	〃	100,000		〃	1,480,000
	28	支　払　家　賃	2		30,000	〃	1,450,000
	30	買　掛　金	〃		200,000	〃	1,250,000

解説

　各勘定口座の借方・貸方の日付欄は，1行目および取引月が変わった場合には月を記入し，仕丁欄が前行と同じ場合は「〃」と記入します。残高式の「借/貸」欄は，残高のある側を示すように記入します。

第4章
決　算

問題 4-1

総 勘 定 元 帳

現　　金　　1	
（　800,000）	（　100,000）
（　120,000）	（　90,000）
（　300,000）	（　250,000）

売　掛　金　　2	
（　400,000）	（　300,000）
（　150,000）	

買　掛　金　　3	
（　250,000）	（　250,000）
	（　70,000）

資　本　金　　4	
	（　800,000）

売　　上　　5	
	（　400,000）
	（　270,000）

仕　　入　　6	
（　250,000）	
（　170,000）	

給　　料　　7	
（　90,000）	

合 計 残 高 試 算 表
X1年1月31日

借　　方		元丁	勘　定　科　目	貸　　方	
残　高	合　計			合　計	残　高
780,000	1,220,000	1	現　　　　金	440,000	
250,000	550,000	2	売　　掛　　金	300,000	
	250,000	3	買　　掛　　金	320,000	70,000
		4	資　　本　　金	800,000	800,000
		5	売　　　　上	670,000	670,000
420,000	420,000	6	仕　　　　入		
90,000	90,000	7	給　　　　料		
1,540,000	2,530,000			2,530,000	1,540,000

解説

　試算表の勘定科目の配列は，総勘定元帳における勘定の番号順となります。合計欄は，各勘定の借方・貸方の合計額を，残高欄は，借方または貸方の一方に各勘定の残高（貸借差額）を記入します。結果として，各勘定の残高の記入側は，貸借対照表・損益計算書と同じになります。

問題 4-2

(1)	売 掛 金 回 収 額	¥	2,250,000
(2)	備 品 購 入 額	¥	150,000
(3)	買 掛 金 残 高	¥	400,000
(4)	当 期 純 利 益	¥	80,000

解説

(1)　仕訳では売掛金の回収時に同勘定の貸方に記入します。よって，合計試算表における売掛金勘定の貸方金額になります。

(2) 合計試算表の備品勘定の借方金額は前期繰越高に比べ増加しているため，その差額が期中購入額になります。

(3) 残高とは，勘定に記入されている金額の貸借差額のことをいいます。負債のため，貸方残高になります。

(4) 合計試算表の収益総額¥2,500,000から費用総額¥2,420,000を差し引いて求めます。

問題 4-3

(1) 決算仕訳

借　方　科　目	金　　　額	貸　方　科　目	金　　　額
損　　　　　　益	1,900,000	仕　　　　　　入	1,380,000
		給　　　　　　料	350,000
		支　払　家　賃	150,000
		支　払　利　息	20,000

(2) 繰越利益剰余金勘定

繰越利益剰余金　　　　　　　　　7

日付		摘　　要	仕丁	借　　方	日付		摘　　要	仕丁	貸　　方
3	31	次　期　繰　越	✓	300,000	4	1	前　期　繰　越	✓	200,000
					3	31	損　　　　益	15	100,000
				300,000					300,000
					4	1	前　期　繰　越	✓	300,000

(3) 損益計算書

損　益　計　算　書

株式会社群馬商店　　　　X1年4月1日からX2年3月31日まで

費　　　　　用	金　　　額	収　　　　　益	金　　　額
仕　　　　　　入	1,380,000	売　　　　　　上	2,000,000
給　　　　　　料	350,000		
支　払　家　賃	150,000		
支　払　利　息	20,000		
当　期　純　利　益	100,000		
	2,000,000		2,000,000

解説

(1) 決算振替仕訳で，費用の諸勘定の振替えは損益勘定の借方に行います。

(2) 繰越利益剰余金勘定の期首(4/1)残高は，決算前の同勘定の金額¥200,000が前期繰越として貸方に記入されます。また，損益勘定の貸借差額で計算される当期純利益は，(3)損益計算書の作成により収益総額から費用総額を差し引いて¥100,000とわかります。当期純利益を損益勘定から繰越利益剰余金勘定に振り替える決算仕訳の転記が行われ，同勘定の決算後残高を「次期繰越」として借方に記入して締め切ります。締切後，「次期繰越」の反対側（貸方）に翌期首の日付で「前期繰越」と記入する開始記入も行います。

(1) 3月中の取引の仕訳

	借 方 科 目	金 額	貸 方 科 目	金 額
3/ 1	現　　　　　金	80,000	売　　　　　上	150,000
	売　　掛　　金	70,000		
6	仕　　　　　入	130,000	現　　　　　金	40,000
			買　　掛　　金	90,000
14	現　　　　　金	110,000	売　　掛　　金	110,000
18	買　　掛　　金	90,000	現　　　　　金	90,000
25	給　　　　　料	29,000	現　　　　　金	39,000
	支　払　家　賃	10,000		
31	借　　入　　金	60,000	現　　　　　金	61,000
	支　払　利　息	1,000		

(1), (3)勘定記入

現　　金　　　1

		1,938,000			1,144,000
3/ 1	売　　上	80,000	3/ 6	仕　　入	40,000
14	売掛金	110,000	18	買掛金	90,000
			25	諸　口	39,000
			31	諸　口	61,000
			〃	次期繰越	754,000
		2,128,000			2,128,000
4/ 1	前期繰越	754,000			

売　掛　金　　　2

		810,000			540,000
3/ 1	売　　上	70,000	3/14	現　　金	110,000
			31	次期繰越	230,000
		880,000			880,000
4/ 1	前期繰越	230,000			

備　　品　　　3

		152,000	3/31 次期繰越	152,000
4/ 1 前期繰越		152,000		

買　掛　金　　　4

		470,000			710,000
3/18	現　　金	90,000	3/ 6	仕　　入	90,000
31	次期繰越	240,000			
		800,000			800,000
			4/ 1	前期繰越	240,000

借　入　金　　　5

		300,000			500,000
3/31	現　　金	60,000			
〃	次期繰越	140,000			
		500,000			500,000
			4/ 1	前期繰越	140,000

資　本　金　　　6

3/31 次期繰越	500,000	4/ 1 前期繰越		500,000
		4/ 1 前期繰越		500,000

繰越利益剰余金　　　7

3/31	次期繰越	256,000	4/ 1	前期繰越	180,000
			3/31	損　　益	76,000
		256,000			256,000
			4/ 1	前期繰越	256,000

売		上	8
3/31 損 益 1,420,000			1,270,000
		3/ 1 諸 口	150,000
1,420,000			1,420,000

仕		入	9
800,000		3/31 損 益	930,000
3/ 6 諸 口 130,000			
930,000			930,000

給		料	10
270,000		3/31 損 益	299,000
3/25 現 金 29,000			
299,000			299,000

支 払 家 賃			11
102,000		3/31 損 益	112,000
3/25 現 金 10,000			
112,000			112,000

支 払 利 息			12
2,000		3/31 損 益	3,000
3/31 現 金 1,000			
3,000			3,000

損		益	13
3/31 仕 入 930,000		3/31 売 上	1,420,000
〃 給 料 299,000			
〃 支 払 家 賃 112,000			
〃 支 払 利 息 3,000			
〃 繰越利益剰余金 76,000			
1,420,000			1,420,000

解説

すべての期中取引の転記後，決算前の元帳勘定残高にもとづいて，収益，費用の諸勘定を損益勘定に振り替える仕訳（決算振替仕訳）と転記を行います。損益勘定に振り替えられた収益，費用の差額により当期の純損益を求め，繰越利益剰余金勘定への振替えを行います。

(2) 合計残高試算表

合計残高試算表
X2年3月31日

借	方	元丁	勘 定 科 目	貸	方
残 高	合 計			合 計	残 高
754,000	2,128,000	1	現 金	1,374,000	
230,000	880,000	2	売 掛 金	650,000	
152,000	152,000	3	備 品		
	560,000	4	買 掛 金	800,000	240,000
	360,000	5	借 入 金	500,000	140,000
		6	資 本 金	500,000	500,000
		7	繰越利益剰余金	180,000	180,000
		8	売 上	1,420,000	1,420,000
930,000	930,000	9	仕 入		
299,000	299,000	10	給 料		
112,000	112,000	11	支 払 家 賃		
3,000	3,000	12	支 払 利 息		
2,480,000	5,424,000			5,424,000	2,480,000

総勘定元帳の2月末までの記入に，3月中の仕訳を転記した期末の元帳記入にもとづいて，合計残高試算表を作成します。

(3) 決算振替仕訳

	借 方 科 目	金 額	貸 方 科 目	金 額
	売 上	1,420,000	損 益	1,420,000
	損 益	1,344,000	仕 入	930,000
3/31			給 料	299,000
			支 払 家 賃	112,000
			支 払 利 息	3,000
	損 益	76,000	繰越利益剰余金	76,000

解説

収益の振替え，費用の振替え，当期純損益の繰越利益剰余金勘定への振替えの順で決算振替仕訳を行います。

(4) 精算表

精 算 表
X2年3月31日

勘 定 科 目	残高試算表		損益計算書		貸借対照表	
	借 方	貸 方	借 方	貸 方	借 方	貸 方
現 金	754,000				754,000	
売 掛 金	230,000				230,000	
備 品	152,000				152,000	
買 掛 金		240,000				240,000
借 入 金		140,000				140,000
資 本 金		500,000				500,000
繰越利益剰余金		180,000				180,000
売 上		1,420,000		1,420,000		
仕 入	930,000		930,000			
給 料	299,000		299,000			
支 払 家 賃	112,000		112,000			
支 払 利 息	3,000		3,000			
	2,480,000	2,480,000				
当期純（利益）			**76,000**			76,000
			1,420,000	1,420,000	1,136,000	1,136,000

15

(5) 貸借対照表，損益計算書

貸 借 対 照 表

株式会社東京商店　　　　　　　　　　X2年3月31日

資　　産	金　　額	負債および純資産	金　　額
現　　　　金	754,000	買　掛　金	240,000
売　掛　金	230,000	借　入　金	140,000
備　　　品	152,000	資　本　金	500,000
		繰越利益剰余金	256,000
	1,136,000		1,136,000

損 益 計 算 書

株式会社東京商店　　　　　X1年4月1日からX2年3月31日まで

費　　用	金　　額	収　　益	金　　額
仕　　　入	930,000	売　　　上	1,420,000
給　　　料	299,000		
支　払　家　賃	112,000		
支　払　利　息	3,000		
当　期　純　利　益	76,000		
	1,420,000		1,420,000

解説

　貸借対照表の期末資本の表示は，資本金と繰越利益剰余金に分けて行います。

　損益計算書は，損益勘定をもとに作成します。損益勘定における繰越利益剰余金勘定への振替額の記入は，損益計算書においては当期純利益と表示します。なお，損益計算書上，売上は「売上高」，仕入は「売上原価」と表示するのが正しい科目名（第16章で学習）ですが，本問では勘定科目のまま記載しています。

16

問題 5-1

	借方科目	金額	貸方科目	金額
5／2	現　金	42,000	売　上	42,000
4	通　信　費	5,500	現　金	5,500
8	支　払　手　数　料	29,000	現　金	29,000
10	仕　入	116,000	現　金	42,000
			買　掛　金	74,000
13	仕　入	89,000	当　座　預　金	89,000
18	支　払　家　賃	94,000	現　金	94,000
28	現　金	67,000	売　掛　金	67,000
31	給　料	120,000	現　金	120,000

現 金 出 納 帳

X1年		摘　　要	収　入	支　出	残　高
5	1	前月繰越	415,000		415,000
	2	大分商店へ売上　小切手受領	42,000		457,000
	4	郵便切手・ハガキ購入		5,500	451,500
	8	鹿児島商店へ仲介手数料の支払い		29,000	422,500
	10	熊本商店から仕入　他店振出小切手で支払い		42,000	380,500
	18	今月分の家賃支払い		94,000	286,500
	28	宮崎商店から売掛金回収	67,000		353,500
	31	今月分の給料支払い		120,000	233,500
	〃	次月繰越		**233,500**	
			524,000	524,000	
6	1	前月繰越	233,500		233,500

解説

1　自己が小切手を振り出したときは，当座預金の減少として処理します。

2　他人振出小切手を仕入れた商品などの支払いにあてたときは，現金の減少として処理します。

3　現金出納帳には，現金勘定で処理される通貨および通貨代用証券の収支のみを記入します。したがって，13日の取引は記入されません。

問題 5−2

	借 方 科 目	金 額	貸 方 科 目	金 額
①(a)	現 金 過 不 足	8,200	現 金	8,200
①(b)	通 信 費 雑 損	7,500 700	現 金 過 不 足	8,200
②(a)	現 金	6,000	現 金 過 不 足	6,000
②(b)	現 金 過 不 足	6,000	受 取 手 数 料 雑 益	4,500 1,500
③	旅 費 交 通 費 通 信 費 雑 損	30,000 19,000 1,000	現 金 過 不 足 受 取 手 数 料	46,000 4,000
④	現 金 過 不 足	3,000	水 道 光 熱 費	3,000

【解説】

①(a) 実際有高が帳簿残高より少ないので，帳簿上の現金残高を減らすことにより，帳簿残高を実際有高に合わせます。

①(b) 決算にあたり，原因がわかった分はその勘定科目に振り替え，原因不明の分は雑損とします。

②(a) 実際有高が帳簿残高より多いので，帳簿上の現金残高を増やすことにより，帳簿残高を実際有高に合わせます。

②(b) 決算にあたり，原因がわかった分はその勘定科目に振り替え，原因不明の分は雑益とします。

③ 現金不足の発生時に，次の処理が行われています。

    （借）現 金 過 不 足   46,000 （貸）現 金   46,000

原因が判明した現金の不足分は¥30,000＋¥19,000－¥4,000＝¥45,000です。したがって，雑損の金額は¥46,000－¥45,000＝¥1,000になります。

④ 現金過不足を貸方記入したときの仕訳は次のとおりです。

    （借）現 金   3,000 （貸）現 金 過 不 足   3,000

水道光熱費の二重記帳により現金過不足が¥3,000生じたので，現金過不足を借方記帳し，水道光熱費を貸方記帳します。

問題 5−3

	借 方 科 目	金 額	貸 方 科 目	金 額
①	キ	90,000	イ	90,000
②	イ	55,000	ウ	55,000
③	キ	160,000	イ	160,000
④	イ	15,000	ウ	15,000
⑤	イ	100,000	ア	100,000
⑥	イ	20,000	オ	20,000

【解説】

⑥ 当座預金勘定の残高は，¥60,000－¥90,000＋¥55,000－¥160,000＋¥15,000＋¥100,000＝△¥20,000なので，これを当座借越勘定に振り替えます。

	借 方 科 目	金 額	貸 方 科 目	金 額
6／3	買 掛 金	90,000	当 座 預 金	90,000
7	当 座 預 金 売 掛 金	55,000 60,000	売 上	115,000
15	仕 入	160,000	当 座 預 金	160,000
21	当 座 預 金	60,000	売 掛 金	60,000
25	当 座 預 金	130,000	売 掛 金	130,000
28	支 払 家 賃	60,000	当 座 預 金	60,000

当座預金出納帳

X1年		摘　　　要	預　入	引　出	借または貸	残　高
6	1	前月繰越	80,000		借	80,000
	3	福島商店へ買掛金支払い		90,000	貸	10,000
	7	秋田商店への売上代金受取り	55,000		借	45,000
	15	青森商店から仕入れ		160,000	貸	115,000
	21	秋田商店から売掛金回収	60,000		〃	55,000
	25	岩手商店から売掛金回収	130,000		借	75,000
	28	今月分の家賃支払い		60,000	〃	15,000
	30	**次月繰越**		**15,000**		
			325,000	325,000		
7	1	前月繰越	15,000		借	15,000

解説

1　当座預金出納帳の記入において，借越の状態となる場合には，「借または貸」欄に「貸」と記入します。

	借 方 科 目	金 額	貸 方 科 目	金 額
①	普通預金 X 銀行	1,000,000	現 金	1,000,000
②	当座預金 Y 銀行	800,000	現 金	800,000
③	給 料	400,000	普通預金 X 銀行	400,000
④	買 掛 金	230,000	当座預金 Y 銀行	230,000
⑤	普通預金 X 銀行	150,000	受 取 手 数 料	150,000
⑥	広 告 宣 伝 費 支 払 手 数 料	120,000 300	普通預金 X 銀行	120,300

解説

⑥　振込手数料は支払手数料で処理します。

S銀行の普通預金の口座残高　¥（　1,249,800　）　T銀行の普通預金の口座残高　¥（　500,000　）

解説

仕訳は次のようになります。月初残高に当月の取引を加減算して月末の残高を求めます。

	借　方　科　目	金　　額	貸　方　科　目	金　　額
7日	買　　掛　　金	210,000	普通預金S銀行	210,000
12日	普通預金S銀行	530,000	売　　掛　　金	530,000
15日	現　　　　　金	100,000	普通預金T銀行	100,000
18日	備　　　　　品	500,000	普通預金S銀行	500,000
20日	支　払　家　賃 通　　信　　費	70,000 50,000	普通預金T銀行	120,000
22日	普通預金T銀行	80,000	受　取　手　数　料	80,000
24日	水　道　光　熱　費	60,000	普通預金T銀行	60,000
30日	普通預金T銀行 支　払　手　数　料	400,000 200	普通預金S銀行	400,200

問題 5－7

	借　方　科　目	金　　額	貸　方　科　目	金　　額
7／1	小　口　現　金	150,000	当　座　預　金	150,000
31	旅　費　交　通　費 通　　信　　費 水　道　光　熱　費 雑　　　　　費 小　口　現　金	38,900 42,200 32,600 9,300 123,000	小　口　現　金 当　座　預　金	123,000 123,000

※7月31日は以下の仕訳でも正解です。

（借）旅　費　交　通　費　　　38,900　（貸）当　座　預　金　　　123,000
　　　通　　信　　費　　　42,200
　　　水　道　光　熱　費　　　32,600
　　　雑　　　　　費　　　9,300

解説

定額資金前渡制のもとでは，報告があった支払額と同額の小切手を振り出して補給します。

小口現金出納帳

受　入	X1年		摘　　要	支　払	旅費交通費	通信費	消耗品費	雑　費
					内　　　　訳			
7,300	6	20	前　週　繰　越					
22,700	〃		本　日　補　給					
	〃		バ ス 回 数 券	4,000	4,000			
		21	事務用筆記用具	3,000			3,000	
		22	タ ク シ ー 代	6,800	6,800			
		23	郵　便　切　手	5,300		5,300		
		〃	菓　　子　　代	2,000				2,000
		24	交通系ICカード入金	1,000	1,000			
		25	コ ピ ー 用 紙	3,500			3,500	
			合　　　　　　計	25,600	11,800	5,300	6,500	2,000
		25	**次　週　繰　越**	**4,400**				
30,000				30,000				
4,400	6	27	前　週　繰　越					
25,600	〃		本　日　補　給					

解説

　前渡しされている金額は¥7,300（6月20日の前週繰越の金額）＋¥22,700（6月20日の本日補給の金額）＝¥30,000です。したがって，6月25日の次週繰越の金額は¥30,000－¥25,600（使用した金額）＝¥4,400となります。6月27日には，前週に使用した金額が補給されます。

第6章
繰越商品・仕入・売上

問題 6-1

	借 方 科 目	金 額	貸 方 科 目	金 額
8/ 2	売 掛 金	62,000	売 上	62,000
	発 送 費	1,500	現 金	1,500
5	仕 入	89,000	買 掛 金	89,000
10	仕 入	148,000	買 掛 金	140,000
			現 金	8,000
11	買 掛 金	7,000	仕 入	7,000
15	現 金	60,000	売 上	93,000
	売 掛 金	33,000		
28	売 上	5,000	売 掛 金	5,000
30	売 掛 金	77,000	売 上	77,000
	発 送 費	2,000	現 金	2,000

仕　　　入		売　　　上	
8/ 5 買 掛 金　89,000	8/11 買 掛 金　7,000	8/28 売 掛 金　5,000	8/ 2 売 掛 金　62,000
10 諸　　口　148,000			15 諸　　口　93,000
			30 売 掛 金　77,000

解説

　2日，30日　商品を売り渡した場合に，発送費を支払ったときは，発送費で処理します。

　10日　商品を仕入れた場合に，当社負担の引取運賃を支払ったときは，商品の仕入原価に加算して処理します。

　11日，28日　返品の場合には，通常，仕入時または売上時に行った仕訳の貸借反対の仕訳をして，仕入勘定と買掛金勘定または売上勘定と売掛金勘定をそれぞれ減少させます。

問題 6-2

	借 方 科 目	金 額	貸 方 科 目	金 額
9/ 3	仕 入	606,000	買 掛 金	600,000
			現 金	6,000
6	買 掛 金	36,000	仕 入	36,000
12	現 金	120,000	売 上	168,000
	売 掛 金	48,000		
16	仕 入	305,500	買 掛 金	300,000
			当 座 預 金	5,500
18	売 上	28,000	売 掛 金	28,000
27	売 掛 金	463,000	売 上	463,000

仕　入　帳

X1年		摘　　　　要		内　　訳	金　　額
9	3	茨　城　商　事　　　　　　掛			
		A型電話機　15台　　@¥18,000		270,000	
		B型電話機　15台　　@¥22,000		330,000	
		引取運賃現金払い		6,000	606,000
	6	茨　城　商　事　　　　掛返品			
		A型電話機　2台　　@¥18,000			36,000
	16	群　馬　商　事　　　　　　掛			
		C型電話機　12台　　@¥25,000		300,000	
		引取運賃小切手振出し		5,500	305,500
	30	総　仕　入　高			911,500
	〃	仕　入　戻　し　高			36,000
		純　仕　入　高			875,500

売　上　帳

X1年		摘　　　　要		内　　訳	金　　額
9	12	栃　木　商　店　　　　小切手・掛			
		B型電話機　6台　　@¥28,000			168,000
	18	栃　木　商　店　　　　掛返品			
		B型電話機　1台　　@¥28,000			28,000
	27	埼　玉　商　店　　　　　　掛			
		A型電話機　8台　　@¥23,000		184,000	
		C型電話機　9台　　@¥31,000		279,000	463,000
	30	総　売　上　高			631,000
	〃	売　上　戻　り　高			28,000
		純　売　上　高			603,000

解説

　仕入帳・売上帳の内訳欄には品目ごとの合計金額と仕入諸掛（仕入帳の場合）の金額を記入します。商品の種類が1種類のみで，かつ仕入諸掛もない場合には，内訳欄には金額を記入しません。総仕入高および総売上高からそれぞれ戻し分・戻り分を差し引いて純仕入高，純売上高を算出し，帳簿を締め切ります。

商 品 有 高 帳

① 先入先出法

ボールペン

X1年		摘　要	受　入			払　出			残　高		
			数量	単価	金　額	数量	単価	金　額	数量	単価	金　額
1	1	前期繰越	30	320	9,600				30	320	9,600
	9	仕　入	30	300	9,000				{ 30	320	9,600
									30	300	9,000
	16	売　上				{ 30	320	9,600			
						10	300	3,000	20	300	6,000
	21	仕　入	40	250	10,000				{ 20	300	6,000
									40	250	10,000
	29	売　上				{ 20	300	6,000			
						10	250	2,500	30	250	7,500

② 移動平均法

X1年		摘　要	受　入			払　出			残　高		
			数量	単価	金　額	数量	単価	金　額	数量	単価	金　額
1	1	前期繰越	30	320	9,600				30	320	9,600
	9	仕　入	30	300	9,000				60	310	18,600
	16	売　上				40	310	12,400	20	310	6,200
	21	仕　入	40	250	10,000				60	270	16,200
	29	売　上				30	270	8,100	30	270	8,100

解説

1　先入先出法

①　仕入単価が異なるものが残高として残っている場合，または仕入単価が異なるものを同時に払い出した場合には，数量欄においてそれらをカッコでくくります。

②　先に仕入れたものから先に売られると仮定する方法ですから，1月16日の40ダースの売上は，1月1日の前期繰越分30ダースと1月9日に仕入れたうちの10ダースが売られたと考えます。1月29日の売上も同様に，先に仕入れたものの残りが先に払い出されるよう処理します。

③　解答に示した方法は，単価が異なるものを仕入れたときに残高欄の数値を改行してカッコでくくる記入方法です。これ以外に，残高欄の数値を改行しないでカッコでくくる記入方法もあります。参考として，この方法によった場合の1月9日までの記入を示すと，次のようになります。

X1年		摘　要	受　入			払　出			残　高		
			数量	単価	金　額	数量	単価	金　額	数量	単価	金　額
1	1	前期繰越	30	320	9,600				{ 30	320	9,600
	9	仕　入	30	300	9,000				30	300	9,000

2　移動平均法

①　1月9日の平均単価￥310 = $\dfrac{￥9,600 + ￥9,000}{30ダース + 30ダース}$

②　1月21日の平均単価￥270 = $\dfrac{￥6,200 + ￥10,000}{20ダース + 40ダース}$

3　いずれの方法でも，売上時において，払出欄に売価を記入しないように注意しましょう。

商 品 有 高 帳

（先入先出法）　　　　　　事務用チェア

X1年		摘　要	受　　入			払　　出			残　　高		
			数量	単価	金　額	数量	単価	金　額	数量	単価	金　額
3	1	前 月 繰 越	12	23,000	276,000				12	23,000	276,000
	3	仕　　　入	5	23,000	115,000				17	23,000	391,000
	15	仕　　　入	4	24,500	98,000				{ 17	23,000	391,000
									4	24,500	98,000
	17	売　　　上				{ 17	23,000	391,000			
						2	24,500	49,000	2	24,500	49,000
	26	仕　　　入	4	25,000	100,000				{ 2	24,500	49,000
									4	25,000	100,000
	28	売　　　上				{ 2	24,500	49,000			
						1	25,000	25,000	3	25,000	75,000
	31	次 月 繰 越				3	25,000	75,000			
			25		589,000	25		589,000			
4	1	前 月 繰 越	3	25,000	75,000				3	25,000	75,000

売　上　高	売　上　原　価	売 上 総 利 益
￥　　　927,000	￥　　　514,000	￥　　　413,000

解説

1　商品有高帳は，月末に次月に繰り越す数量，単価，金額を払出欄に記入し，受入欄の数量，金額の合計と，払出欄の数量，金額の合計が一致することを確かめて締め切ります。

2　売上高は資料の売上の合計金額，売上原価は商品有高帳の払出欄の合計金額（次月繰越の金額は加算しない）になります。売上高から売上原価を差し引いて売上総利益を求めます。

　　売上高：19脚×@￥42,000＋3脚×@￥43,000＝￥927,000

　　売上原価：￥391,000＋￥49,000＋￥49,000＋￥25,000＝￥514,000

　　売上総利益：￥927,000－￥514,000＝￥413,000

3　解答に示した記帳方法は，単価が異なるものを仕入れたときに残高欄の数値を改行してカッコでくくる方法ですが，これ以外に，残高欄の数値を改行しないでカッコでくくる方法もあります（問題6-3解説参照）。

商 品 有 高 帳

（移動平均法）　　　　紳 士 靴

X1年		摘　要	受　入			払　出			残　高		
			数量	単価	金　額	数量	単価	金　額	数量	単価	金　額
4	1	前 月 繰 越	40	6,000	240,000				40	6,000	240,000
	7	仕　　　入	60	7,000	420,000				100	6,600	660,000
	14	売　　　上				80	6,600	528,000	20	6,600	132,000
	18	仕　　　入	80	7,200	576,000				100	7,080	708,000
	24	売　　　上				60	7,080	424,800	40	7,080	283,200

売上原価の計算		売上総利益の計算	
月初商品棚卸高	（　　240,000）	売　上　高	（　　1,290,000）
当月商品仕入高	（　　996,000）	売 上 原 価	（　　952,800）
合　　計	（　　1,236,000）	売 上 総 利 益	（　　337,200）
月末商品棚卸高	（　　283,200）		
売 上 原 価	（　　952,800）		

解説

1　4月7日の平均単価¥6,600 ＝ $\dfrac{¥240,000+¥420,000}{40足+60足}$

　　4月18日の平均単価¥7,080 ＝ $\dfrac{¥132,000+¥576,000}{20足+80足}$

2　前月から繰り越されてきた商品（すなわち月初に存在している商品）の額¥240,000と当月に仕入れた商品の合計額¥996,000から月末に在庫として存在している商品の額¥283,200を差し引けば，当月に売り渡された商品の原価である売上原価¥952,800が計算されます。月初商品棚卸高は商品有高帳の前月繰越の金額，当月商品仕入高は仕入帳の合計金額，月末商品棚卸高は商品有高帳の月末における残高欄の金額（この金額が次月繰越の金額になります）です。売上高は売上帳の合計金額（純売上高）になります。なお，売上原価は商品有高帳の払出欄の金額を合計しても求めることができます。

第 7 章

売掛金と買掛金

問題 7-1

	借 方 科 目	金　　額	貸 方 科 目	金　　額
5／3	仕　　　　入	360,000	当 座 預 金 買　掛　金	80,000 280,000
5	売　掛　金 発　送　費	125,000 6,000	売　　　上 現　　　金	125,000 6,000
9	仕　　　　入	417,500	買　掛　金 現　　　金	410,000 7,500
11	買　掛　金	35,000	仕　　　入	35,000
16	売　掛　金	180,000	売　　　上	180,000
25	現　　　金	175,000	売　掛　金	175,000

商品を掛けで売り渡したときに発生する債権は売掛金，商品を掛けで仕入れたときに発生する債務は買掛金で処理します。

問題 7-2

	借 方 科 目	金 額	貸 方 科 目	金 額
6／4	仕 入	243,500	天 神 商 店 現 金	235,000 8,500
16	赤 坂 商 店	76,000	売 上	76,000
28	天 神 商 店	235,000	当 座 預 金	235,000
30	普 通 預 金	76,000	赤 坂 商 店	76,000

仕訳において人名勘定を用いる場合には売掛金勘定・買掛金勘定は用いません（売掛金勘定・買掛金勘定を用いる代わりに人名勘定を用います）。人名勘定の借方・貸方の記入の要領は，売掛金勘定・買掛金勘定で処理する場合と同様です。

問題 7-3

売 掛 金 元 帳
新宿商店　　　　　　　　　　　　　　　　5

X1年		摘　　　要	借　　方	貸　　方	借または貸	残　　高
7	1	前 月 繰 越	170,000		借	170,000
	5	売 上	35,000		〃	205,000
	14	入 金		150,000	〃	55,000
	19	売 上	45,000		〃	100,000
	26	返 品		3,000	〃	97,000
	31	**次 月 繰 越**		**97,000**		
			250,000	250,000		
8	1	前 月 繰 越	97,000		借	97,000

1　問題では池袋商店と新宿商店の資料が与えられていますが，解答で要求されているのは新宿商店のみですので，新宿商店の資料のみを選別して解答します（問題 7-4 も同様です）。

2　締め切るときは，次月繰越の金額を貸方欄に記入し，借方の合計金額と貸方の合計金額が一致することを確かめてから締め切ります。

3　翌月1日の日付で，前月から繰り越された金額を借方欄と残高欄に記入します。

4　売掛金元帳では，借方に残高が生じるので，「借または貸」欄には「借」と記入します。

買 掛 金 元 帳
鳥取商店

X1年		摘　　　要	借　　方	貸　　方	借また は貸	残　　高
9	1	前　月　繰　越		250,000	貸	250,000
	7	仕　　　　　入		180,000	〃	430,000
	8	返　　　　　品	90,000		〃	340,000
	18	仕　　　　　入		160,000	〃	500,000
	29	支　　　　　払	350,000		〃	150,000
	30	**次　月　繰　越**	**150,000**			
			590,000	590,000		
10	1	前　月　繰　越		150,000	貸	150,000

解説

1　締め切るときは，次月繰越の金額を借方欄に記入し，借方の合計金額と貸方の合計金額が一致すること
を確かめてから締め切ります。

2　翌月1日の日付で，前月から繰り越された金額を貸方欄と残高欄に記入します。

3　買掛金元帳では，貸方に残高が生じるので，「借または貸」欄には「貸」と記入します。

問題 7-5

	借　方　科　目	金　　　額	貸　方　科　目	金　　　額
①	仕　　　　　入	550,000	当　座　預　金	200,000
			買　　掛　　金	350,000
②	現　　　　　金	620,000	売　　　　　上	620,000
③	売　　掛　　金	28,000	売　　　　　上	28,000
④	売　　掛　　金	222,400	売　　　　　上	222,400

解説

④　1カ月分まとめて請求書を送る場合は，日々の仕訳を行わず，1カ月分をまとめて仕訳します。

問題 7-6

	借　方　科　目	金　　　額	貸　方　科　目	金　　　額
①	ウ	485,000	エ	500,000
	キ	15,000		
②	イ	485,000	ウ	485,000
③	ア	36,900	エ	57,900
	ウ	20,160		
	キ	840		

解説

①　支払手数料：¥500,000 × 3 ％ = ¥15,000

③　支払手数料：（¥57,900 − ¥36,900）× 4 ％ = ¥840

	売掛金明細表				買掛金明細表		
	8月25日	8月31日			8月25日	8月31日
福岡商店	¥ 750,000	¥ 307,500	宮崎商店	¥ 750,000	¥ 450,000
大分商店	600,000	285,000	熊本商店	1,050,000	600,000
佐賀商店	300,000	60,000	長崎商店	525,000	345,000
	¥ 1,650,000	¥ 652,500		¥ 2,325,000	¥ 1,395,000

解説

1　8月26日から31日までの仕訳は次のようになります。

8月26日	（借）	現　　　　　金	30,000	（貸）	売　　　　上	105,000
		売　掛　金 （福　岡　商　店）	75,000			
	（借）	仕　　　　　入	150,000	（貸）	買　掛　金 （宮　崎　商　店）	150,000
27日	（借）	現　　　　　金	22,500	（貸）	売　　　　上	112,500
		売　掛　金 （大　分　商　店）	90,000			
	（借）	仕　　　　　入	225,000	（貸）	買　掛　金 （熊　本　商　店）	225,000
	（借）	当　座　預　金	1,350,000	（貸）	売　掛　金 （福　岡　商　店）	600,000
					売　掛　金 （大　分　商　店）	450,000
					売　掛　金 （佐　賀　商　店）	300,000
29日	（借）	現　　　　　金	37,500	（貸）	売　　　　上	97,500
		売　掛　金 （佐　賀　商　店）	60,000			
	（借）	仕　　　　　入	120,000	（貸）	買　掛　金 （長　崎　商　店）	120,000
	（借）	買　掛　金 （宮　崎　商　店）	450,000	（貸）	当　座　預　金	1,500,000
		買　掛　金 （熊　本　商　店）	750,000			
		買　掛　金 （長　崎　商　店）	300,000			
30日	（借）	現　　　　　金	34,500	（貸）	売　　　　上	117,000
		売　掛　金 （福　岡　商　店）	82,500			
	（借）	仕　　　　　入	75,000	（貸）	買　掛　金 （熊　本　商　店）	75,000
31日	（借）	現　　　　　金	30,000	（貸）	売　　　　上	75,000
		売　掛　金 （大　分　商　店）	45,000			

2　売掛金明細表・買掛金明細表では，8月25日現在の金額に，26日から31日までの増減分を加減した金額が31日現在の金額になります。各商店に対する31日現在の金額の計算は次のようになります。

福岡商店　¥307,500 ＝ ¥750,000 ＋ ¥75,000 － ¥600,000 ＋ ¥82,500

大分商店　¥285,000 ＝ ¥600,000 ＋ ¥90,000 － ¥450,000 ＋ ¥45,000

佐賀商店　¥60,000 ＝ ¥300,000 － ¥300,000 ＋ ¥60,000

宮崎商店　￥450,000＝￥750,000＋￥150,000－￥450,000

熊本商店　￥600,000＝￥1,050,000＋￥225,000－￥750,000＋￥75,000

長崎商店　￥345,000＝￥525,000＋￥120,000－￥300,000

問題 7-8

①	②	③	④
仕　入	426,000	3,000	260,000
⑤	⑥	⑦	⑧
50,000	112,000	162,000	140,000

解説

買掛金勘定と買掛金元帳にもとづいて，取引を推定して解答します。また，次の関係も利用します。

・買掛金勘定の前月繰越高＝北陸商店の前月繰越高＋東海商店の前月繰越高

・買掛金勘定の次月繰越高＝北陸商店の次月繰越高＋東海商店の次月繰越高

日付順に解いても，番号順に解いてもいいのですが，わかるところから埋めていきます。ここでは，日付順に解く方法を説明します。

10/1（⑦）　買掛金勘定の前月繰越￥270,000＝北陸商店の前月繰越￥108,000＋東海商店の前月繰越より，⑦は￥162,000になります。

10/7（④）　この取引は，買掛金勘定の貸方と買掛金元帳（北陸商店）の貸方に記載されています。買掛金元帳の摘要が仕入なので，（借）仕　入 260,000（貸）買掛金 260,000という仕訳が行われています。したがって，④は￥260,000になります。

10/9（①）　この取引は，買掛金勘定の借方と買掛金元帳（北陸商店）の借方に記載されています。買掛金元帳の摘要が返品なので，（借）買掛金 4,000（貸）仕　入 4,000という仕訳が行われています。したがって，①は仕入になります。

10/15（②と⑥）　この取引は，買掛金勘定の借方，買掛金元帳（北陸商店）の借方，買掛金元帳（東海商店）の借方に記載されています。しかし，⑥の金額も不明であり解答できないため，一度飛ばします。

10/20（⑧）　この取引は，買掛金勘定の貸方と買掛金元帳（東海商店）の貸方に記載されています。買掛金元帳の摘要が仕入なので，（借）仕　入 140,000（貸）買掛金 140,000という仕訳が行われています。したがって，⑧は￥140,000になります。

10/15（⑥再）　この時点での買掛金元帳（東海商店）の貸方合計は￥302,000（＝￥162,000＋￥140,000）です。借方合計＝貸方合計を利用して，￥302,000－￥3,000－￥187,000より，⑥は￥112,000になります。

10/15（②再）　北陸商店の支払額￥314,000＋東海商店の支払額￥112,000より，②は￥426,000になります。

10/25（③）　この取引は，買掛金勘定の借方と買掛金元帳（東海商店）の借方に記載されています。買掛金元帳の摘要が返品なので，（借）買掛金 3,000（貸）仕　入 3,000という仕訳が行われています。したがって，③は￥3,000になります。

10/31（⑤）　買掛金元帳（北陸商店）の借方合計＝貸方合計（￥368,000）を利用します。￥368,000－￥4,000－￥314,000より，⑤は￥50,000になります。

以上の内容を記入すると，買掛金勘定と買掛金元帳は，次のようになります。

買 掛 金

10/ 9	仕 入	4,000	10/ 1	前月繰越	270,000
15	当座預金	426,000	7	仕 入	260,000
25	仕 入	3,000	20	仕 入	140,000
31	次月繰越	237,000			
		670,000			670,000

買 掛 金 元 帳

北 陸 商 店

10/ 9	返 品	4,000	10/ 1	前月繰越	108,000
15	支 払	314,000	7	仕 入	260,000
31	次月繰越	50,000			
		368,000			368,000

東 海 商 店

10/15	支 払	112,000	10/ 1	前月繰越	162,000
25	返 品	3,000	20	仕 入	140,000
31	次月繰越	187,000			
		302,000			302,000

問題 7-9

		借 方 科 目	金 額	貸 方 科 目	金 額
当 社	①	前 払 金	50,000	現 金	50,000
	②	仕 入	204,000	前 払 金 現 金	50,000 154,000
群馬商店	①	現 金	50,000	前 受 金	50,000
	②	前 受 金 現 金	50,000 150,000	売 上	200,000

解説

① 商品の売買契約時には，仕入・売上は計上しません。手付金の授受は前払金・前受金で処理します。

② 当社負担の引取運賃は商品の仕入原価に含めます。

問題 7-10

	借 方 科 目	金 額	貸 方 科 目	金 額
①	オ イ	30,000 150,000	カ	180,000
②	キ	503,000	ウ エ ア	100,000 400,000 3,000
③	オ イ ク	50,000 400,000 1,500	カ ア	450,000 1,500

解説

① 手付金の受取時に，（借）現 金 30,000（貸）前受金 30,000という仕訳が行われています。

② 手付金の支払時に，（借）前払金 100,000（貸）現 金 100,000という仕訳が行われています。

③ 手付金の受取時に，（借）現 金 50,000（貸）前受金 50,000という仕訳が行われています。売上時に当
社が諸掛りを支払った場合は，発送費で処理します。

第 8 章
その他の債権と債務

問題 8-1

		借 方 科 目	金 額	貸 方 科 目	金 額
当社	①	貸 付 金	4,000,000	当 座 預 金	4,000,000
	②	当 座 預 金	4,090,000	貸 付 金	4,000,000
				受 取 利 息	90,000
宮城商店	①	現 金	4,000,000	借 入 金	4,000,000
	②	借 入 金	4,000,000	当 座 預 金	4,090,000
		支 払 利 息	90,000		

解説

貸付金に対する利息は受取利息，借入金に対する利息は支払利息で処理します。

②の利息の計算は，¥4,000,000 × 4.5% × $\frac{6 カ月}{12 カ月}$ ＝ ¥90,000になります。

問題 8-2

	借 方 科 目	金 額	貸 方 科 目	金 額
①	借 入 金	500,000	当 座 預 金	507,500
	支 払 利 息	7,500		
②	普 通 預 金	603,000	貸 付 金	600,000
			受 取 利 息	3,000
③	借 入 金	1,460,000	当 座 預 金	1,472,000
	支 払 利 息	12,000		
④	役 員 貸 付 金	2,000,000	普 通 預 金	2,000,000
⑤	普 通 預 金	2,006,000	役 員 貸 付 金	2,000,000
			受 取 利 息	6,000

解説

① 支払利息：¥500,000 × 1.8% × $\frac{10 カ月}{12 カ月}$ ＝ ¥7,500

② 受取利息：¥600,000 × 2% × $\frac{3 カ月}{12 カ月}$ ＝ ¥3,000

③ 支払利息：¥1,460,000 × 3% × $\frac{100 日}{365 日}$ ＝ ¥12,000

④ 役員に対する貸付金は役員貸付金で処理します。

⑤ 受取利息：¥2,000,000 × 0.6% × $\frac{6 カ月}{12 カ月}$ ＝ ¥6,000

問題 8-3

		借方科目	金額	貸方科目	金額
当社	①	車両運搬具	3,000,000	当座預金 未払金	1,500,000 1,500,000
	②	未払金	1,500,000	当座預金	1,500,000
	③	未収入金	300,000	車両運搬具	300,000
福島商会	①	当座預金 売掛金	1,500,000 1,500,000	売上	3,000,000
	②	現金	1,500,000	売掛金	1,500,000
	③	仕入	300,000	買掛金	300,000

解説

　主たる営業活動（商品販売）により生じた債権は売掛金，債務は買掛金で，それ以外から生じた債権は未収入金，債務は未払金で処理します。商品としてのトラック（福島商会）は仕入・売上，家具運搬用のトラック（当社）は車両運搬具として処理します。

問題 8-4

	借方科目	金額	貸方科目	金額
①	従業員立替金	80,000	現金	80,000
②	給料	800,000	当座預金 所得税預り金 社会保険料預り金 従業員立替金	580,000 40,000 100,000 80,000
③	所得税預り金	40,000	現金	40,000

解説

　会社内部の従業員に対する立替えの場合は，従業員立替金で処理します。

　従業員に代わって支払いを行うために，給料の支払時などに金銭を一時的に預った場合は，納税目的のときは所得税預り金で，社会保険料のときは社会保険料預り金で処理します。

問題 8-5

	借方科目	金額	貸方科目	金額
①	給料	800,000	普通預金 所得税預り金 住民税預り金 社会保険料預り金	621,000 35,000 44,000 100,000
②	法定福利費 社会保険料預り金 従業員立替金	48,000 6,000 18,000	現金	72,000

解説

① 　所得税の源泉徴収分は所得税預り金で，住民税の源泉徴収分は住民税預り金で，社会保険料は社会保険料預り金で処理します。

② 　当社負担分の¥48,000は法定福利費で処理します。従業員負担の3カ月分は社会保険料預り金で，当社が立て替えた9カ月分は従業員立替金で処理します。

問題 8-6

	借方科目	金額	貸方科目	金額
①	キ	120,000	ア	120,000
②	イ	600,000	サ	600,000
③	サ	600,000	エ ケ カ	350,000 150,000 100,000
④	シ ア	116,000 4,000	キ	120,000
⑤	キ	3,000	ア	3,000
⑥	シ ス	400 380	キ	780

解説

　旅費など，支払時に正確な金額を決定できないため概算額で支払いを行った場合には，仮払金で処理します。また，入金内容が不明確な場合には，仮受金で処理します。それぞれ，正しい金額や内容が判明したら，仮払金や仮受金から確定した勘定科目に振り替えます。

　事業用の IC カードへの入金（チャージ）については，問題文の指示により，仮払金で処理します。

問題 8-7

	借方科目	金額	貸方科目	金額
①	現　　　　金 旅費交通費	1,300 18,700	仮　払　金	20,000
②	仮　受　金	100,000	売　掛　金	100,000
③	現　　　　金 旅費交通費	48,200 21,800	仮　払　金 前　受　金	25,000 45,000
④	仮　払　金	10,000	現　　　　金	10,000
⑤	旅費交通費 消耗品費	1,300 800	仮　払　金	2,100

解説

　①：支払時に，（借方）仮払金 20,000（貸方）現　金 20,000という仕訳が行われています。

　②：受取時に，（借方）普通預金 100,000（貸方）仮受金 100,000という仕訳が行われています。

　③：支払時に，（借方）仮払金 25,000（貸方）現　金 25,000という仕訳が行われています。

　④，⑤：問題文の指示にしたがって，IC カードへの入金時には仮払金で処理し，使用時に適切な勘定科目に振り替えます。

問題 8-8

	借 方 科 目	金　額	貸 方 科 目	金　額
①	受 取 商 品 券 現　　　　金	50,000 25,000	売　　　　上	75,000
②	普 通 預 金	50,000	受 取 商 品 券	50,000
③	受 取 商 品 券 クレジット売掛金 支 払 手 数 料	30,000 49,000 1,000	売　　　　上	80,000

解説

① 企業や自治体が発行した商品券を受け取ったときは，受取商品券で処理します。

③ 支払手数料：（¥80,000 − ¥30,000）× 2 ％ = ¥1,000

問題 8-9

	借 方 科 目	金　額	貸 方 科 目	金　額
①	ウ エ	520,000 260,000	ア	780,000
②	オ	260,000	ア	260,000
③	カ ア	82,000 68,000	ウ	150,000
④	ウ オ エ	240,000 120,000 120,000	ア	480,000

解説

① 建物等の賃借にともなって支払った敷金（保証金）は，差入保証金で処理します。

③ 修繕にかかった費用は，修繕費で処理します。

第 9 章
受取手形と支払手形

問題 9-1

		借 方 科 目	金　額	貸 方 科 目	金　額
当社	①	仕　　　　入	50,000	支 払 手 形	50,000
	②	支 払 手 形	50,000	当 座 預 金	50,000
千葉商店	①	受 取 手 形	50,000	売　　　　上	50,000
	②	当 座 預 金	50,000	受 取 手 形	50,000

解説

① 約束手形の振出人は支払手形で，受取人は受取手形で処理します。

35

	借　方　科　目	金　　額	貸　方　科　目	金　　額
①	支　払　手　形	270,000	当　座　預　金	270,000
②	仕　訳　な　し			
③	当　座　預　金	130,000	受　取　手　形	130,000

解説

① 手形代金を支払った場合は，手形債務が消滅するので，支払手形を減少させます。

② 取立てを依頼しただけなので，まだ手形債権は消滅しておらず，この時点では仕訳はしません。

③ 手形代金を取り立てた場合は，手形債権が消滅するので，受取手形を減少させます。

	借　方　科　目	金　　額	貸　方　科　目	金　　額
①	コ	258,000	オ	50,000
			カ	200,000
			ア	8,000
②	キ	150,000	カ	150,000
③	コ	130,000	カ	65,000
			イ	65,000
④	ク	60,000	ケ	300,000
	ウ	120,000		
	エ	120,000		

解説

① 当社負担の引取運賃は，商品の仕入原価に含めます。

②，③ 手形債務が生じるので，支払手形で処理します。

④ 商品の販売にともない受け取った手付金を充当したときは，前受金の減少として処理します。

	借　方　科　目	金　　額	貸　方　科　目	金　　額
①	受　取　手　形	700,000	売　　掛　　金	700,000
②	買　　掛　　金	150,000	仕　　　　　入	150,000
③	仕　　　　　入	50,000	買　　掛　　金	50,000

解説

① 誤って記入された仕訳は「（借）売 掛 金 350,000（貸）受取手形 350,000」なので，まずこれを貸借反対に仕訳して取り消し，改めて正しい仕訳を行うと，次のようになります。

取り消す仕訳　（借）受　取　手　形　　　350,000　（貸）売　　掛　　金　　　350,000

正しい仕訳　（借）受　取　手　形　　　350,000　（貸）売　　掛　　金　　　350,000

　　　この2つの仕訳を1つの仕訳で示すと，次のようになります。

　　　　　　（借）受　取　手　形　700,000　（貸）売　　掛　　金　700,000

② 正しい仕訳は「（借）買 掛 金 150,000（貸）支払手形 150,000」です。誤って記帳した仕訳は「（借）仕　　　入 150,000（貸）支払手形 150,000」なので，正しい仕訳にするためには，借方に買掛金を計上するとともに，借方に記入した仕入を貸方に記入します。

③　正しい仕訳は「（借）仕　入 50,000（貸）支払手形 50,000」です。誤って記帳した仕訳は「（借）買掛金 50,000（貸）支払手形 50,000」なので，正しい仕訳にするためには，借方に仕入を計上するとともに，借方に記入した買掛金を貸方に記入します。

問題 9-5

株式会社岐阜商事の仕訳

借　方　科　目	金　　額	貸　方　科　目	金　　額
受　取　手　形	940,000	売　　　　上	940,000

株式会社長野商会の仕訳

借　方　科　目	金　　額	貸　方　科　目	金　　額
仕　　　　入	940,000	支　払　手　形	940,000

解説

受取人の株式会社岐阜商事に生じた手形債権は受取手形で，振出人の株式会社長野商会に生じた手形債務は支払手形で処理します。

問題 9-6

	借　方　科　目	金　　額	貸　方　科　目	金　　額
3／ 5	受　取　手　形	280,000	売　掛　金	280,000
3／12	受　取　手　形	320,000	売　　　　上	320,000
4／ 5	当　座　預　金	280,000	受　取　手　形	280,000
5／12	当　座　預　金	320,000	受　取　手　形	320,000

受取手形記入帳

X1年		手形種類	手形番号	摘　要	支払人	振出人	振出日		満期日		支払場所	手形金額	てん末		
月	日						月	日	月	日			月	日	摘　要
3	5	約手	27	売掛金	宮城商店	宮城商店	3	5	4	5	南北銀行	280,000	4	5	入金
	12	約手	16	売　上	茨城商店	茨城商店	3	12	5	12	北東銀行	320,000	5	12	入金

解説

1　手形種類欄には手形の種類を記入します。そのさいには通常，約束手形は約手と略記します。
2　てん末欄には手形債権が消滅したときに，その理由を記入します（当座入金としてもよい）。

問題 9-7

帳簿の名称（　支払手形記入帳　）

	借　方　科　目	金　　額	貸　方　科　目	金　　額
4／20	大　阪　商　店	280,000	支　払　手　形	280,000
5／25	仕　　　　入	340,000	支　払　手　形	340,000
6／30	支　払　手　形	280,000	当　座　預　金	280,000

1 「受取人」を記入する欄があり，てん末欄に「支払」とあることから，この帳簿は支払手形記入帳であることがわかります。
2 6月30日は，「当座預金から支払」とあるので，当座預金の減少となります。

問題 9-8

	現金出納帳	当座預金出納帳	商品有高帳	売掛金元帳	買掛金元帳	仕入帳	売上帳	受取手形記入帳	支払手形記入帳
①		○	○			○			○
②			○				○	○	
③					○				○
④				○				○	
⑤	○		○			○			○

解説

① 商品の仕入は仕入帳と商品有高帳に，小切手の振出しは当座預金出納帳に，約束手形の振出しは支払手形記入帳に記入します。
② 商品の売上は売上帳と商品有高帳に，約束手形の受取りは受取手形記入帳に記入します。
③ 約束手形の振出しは支払手形記入帳に，買掛金の減少は買掛金元帳に記入します。
④ 約束手形の受取りは受取手形記入帳に，売掛金の減少は売掛金元帳に記入します。
⑤ 商品の仕入は仕入帳と商品有高帳に，約束手形の振出しは支払手形記入帳に，現金の減少は現金出納帳に記入します。

問題 9-9

	借方科目	金額	貸方科目	金額
①	手形貸付金	1,400,000	当座預金 受取利息	1,382,500 17,500
②	当座預金 支払利息	4,392,000 108,000	手形借入金	4,500,000
③	手形貸付金	500,000	普通預金	500,000
④	普通預金	514,000	手形貸付金 受取利息	500,000 14,000

※「手形貸付金」は「貸付金」，「手形借入金」は「借入金」でもよい。

解説

① 利息の計算は次のとおりです。利率は年利率なので，貸し付ける月数で按分します。

$$¥1,400,000 \times 5\% \times \frac{3\,カ月}{12\,カ月} = ¥17,500$$

② 利息の計算は次のとおりです。利率は年利率なので，借り入れる日数で按分します。

$$¥4,500,000 \times 6\% \times \frac{146\,日}{365\,日} = ¥108,000$$

栃木商事㈱の仕訳

	借 方 科 目	金 額	貸 方 科 目	金 額
①	売 掛 金	860,000	売 上	860,000
②	電子記録債権	860,000	売 掛 金	860,000
③	普 通 預 金	860,000	電子記録債権	860,000

㈱埼玉商会の仕訳

	借 方 科 目	金 額	貸 方 科 目	金 額
①	仕 入	860,000	買 掛 金	860,000
②	買 掛 金	860,000	電子記録債務	860,000
③	電子記録債務	860,000	普 通 預 金	860,000

解説

② 栃木商事㈱は，電子記録債権が発生したので，売掛金勘定から電子記録債権勘定に振り替えます。㈱埼玉商会は電子記録債務が発生したので，買掛金勘定から電子記録債務勘定に振り替えます。

第10章 有形固定資産

問題 10-1

	借 方 科 目	金 額	貸 方 科 目	金 額
①	カ	3,360,000	ウ	3,360,000
②	エ	4,715,000	イ	4,500,000
			ア	215,000
③	オ	758,000	ウ	375,000
			ク	375,000
			ア	8,000
④	オ	373,500	ウ	350,000
			ア	23,500
⑤	キ	1,200,000	ウ	1,200,000
⑥	エ	500,000	イ	750,000
	コ	250,000		
⑦	エ	180,000	ク	600,000
	コ	420,000		

1　整地費用，登記料，仲介手数料，引取運賃，運送保険料などの付随費用は，有形固定資産の取得原価に含めます。

2　有形固定資産を取得し，代金を後日に支払う場合には，買掛金ではなく未払金で処理します。

3　有形固定資産に対する支出のうち，その資産の価値を高めたり，耐用年数を延長させたりする効果をもつ支出を資本的支出といい，その資産の取得原価に算入します。これに対して，その資産の現状を維持するための支出を収益的支出といい，修繕費で処理します。

問題 10−2

	借　方　科　目	金　　額	貸　方　科　目	金　　額
5／18	土　　　　　地	6,240,000	当　座　預　金	6,240,000
5／28	土　　　　　地	620,000	当　座　預　金	620,000
6／24	現　　　　　金	1,800,000	土　　　　　地 固定資産売却益	1,715,000 85,000

解説

1　仲介手数料，登記料，整地費用は土地の取得原価に含めます。

2　6月24日の取引につき，売却した土地の1m²当たりの取得原価は，

（¥7,500×800m² + ¥240,000 + ¥620,000）÷800m² = ¥8,575

となります。したがって，売却した土地200m²の取得原価は¥8,575×200m² = ¥1,715,000となり，売却価額¥1,800,000（ = ¥9,000×200m²）と取得原価との差額¥85,000が固定資産売却益となります。

問題 10−3

借　方　科　目	金　　額	貸　方　科　目	金　　額
減　価　償　却　費	40,000	備品減価償却累計額	40,000

減価償却費				備品減価償却累計額		
3/31 備品減価償却累計額	40,000				3/31 減価償却費	40,000

解説

1　減価償却費の計算は次のとおりです。

（¥320,000 − ¥0）÷ 8 年 = ¥40,000

	借 方 科 目	金 額	貸 方 科 目	金 額
①	減 価 償 却 費	36,000	備品減価償却累計額	36,000
②	備品減価償却累計額 現　　　　　金 未 収 入 金	324,000 50,000 260,000	備　　　　　品 固定資産売却益	600,000 34,000
③	車 両 運 搬 具 減価償却累計額 未 収 入 金 固定資産売却損	2,376,000 850,000 74,000	車 両 運 搬 具	3,300,000
④	減 価 償 却 費	65,000	備品減価償却累計額	65,000
⑤	備品減価償却累計額 減 価 償 却 費 未 収 入 金	640,000 40,000 200,000	備　　　　　品 固定資産売却益	800,000 80,000
⑥	備品減価償却累計額 減 価 償 却 費 現　　　　　金 固定資産売却損	225,000 30,000 15,000 30,000	備　　　　　品	300,000

解説

① 減価償却費の計算は次のとおりです。

（¥180,000 − ¥0）÷ 5 年 = ¥36,000

② 備品の帳簿価額¥276,000（= ¥600,000 − ¥324,000）と売却価額¥310,000との差額が固定資産売却益になります。商品の販売ではないので，月末受取分は売掛金ではなく未収入金で処理します。

③ 車両運搬具の帳簿価額¥924,000（= ¥3,300,000 − ¥2,376,000）と売却価額¥850,000との差額が固定資産売却損になります。

④ 4 年度目の分と今年度に取得した分をそれぞれ求めます。

4 年度目の分：（¥400,000 − ¥0）÷ 10 年 = ¥40,000

今年度取得分：$（¥300,000 − ¥0）÷ 10 年 × \dfrac{10 カ月}{12 カ月} = ¥25,000$

¥40,000 + ¥25,000 = ¥65,000が今年度の決算で計上する減価償却費になります。

⑤ まず，X2年 4 月 1 日から X6年 3 月31日までの減価償却累計額を求めます。

（¥800,000 − ¥0）÷ 5 年 × 4 年分 = ¥640,000

次に，当期首から売却時までの 3 カ月間の減価償却費を求めます。

$（¥800,000 − ¥0）÷ 5 年 × \dfrac{3 カ月}{12 カ月} = ¥40,000$

売却時の備品の帳簿価額は¥800,000 −（¥640,000 + ¥40,000）= ¥120,000になります。これを¥200,000で売却したので，¥80,000の固定資産売却益になります。

なお，当期首から売却時までの 3 カ月間の減価償却累計額をいったん計上し，これを含めた減価償却累計額を借方に計上する方法もあります。この場合の仕訳は次のとおりです。

（借）	減 価 償 却 費	40,000	（貸）	備品減価償却累計額	40,000
（借）	備品減価償却累計額	680,000	（貸）	備　　　　品	800,000
	未 収 入 金	200,000		固定資産売却益	80,000

⑥ まず，前期末までの減価償却累計額を求めます。

$$(¥300,000 - ¥0) ÷ 5 年 × 3 年 9 カ月 \left(\frac{45 カ月}{12 カ月}\right) 分 = ¥225,000$$

次に，当期首から売却時までの6カ月間の減価償却費を求めます。

$$(¥300,000 - ¥0) ÷ 5 年 × \frac{6 カ月}{12 カ月} = ¥30,000$$

売却時の備品の帳簿価額は¥300,000 -（¥225,000 + ¥30,000）= ¥45,000になります。これを¥15,000で売却したので，¥30,000の固定資産売却損になります。

なお，当期首から売却時までの6カ月間の減価償却累計額をいったん計上し，これを含めた減価償却累計額を借方に計上する方法もあります。この場合の仕訳は次のとおりです。

（借）	減 価 償 却 費	30,000	（貸）	備品減価償却累計額	30,000
（借）	備品減価償却累計額	255,000	（貸）	備　　　品	300,000
	現　　　　　金	15,000			
	固定資産売却損	30,000			

問題 10-5

①	②	③	④	⑤
1,720,000	410,000	250,000	備品減価償却累計額	損益

解説

① ¥1,000,000（前期繰越）+ ¥720,000（12/8購入分）= ¥1,720,000

② X5年購入分：$(¥600,000 - ¥0) ÷ 5 年 × 3 年 = ¥360,000$

X7年購入分：$(¥400,000 - ¥0) ÷ 4 年 × \frac{6 カ月}{12 カ月} = ¥50,000$

これらの合計なので¥410,000になります。

③ X5年購入分：$(¥600,000 - ¥0) ÷ 5 年 = ¥120,000$

X7年購入分：$(¥400,000 - ¥0) ÷ 4 年 = ¥100,000$

X8年購入分：$(¥720,000 - ¥0) ÷ 8 年 × \frac{4 カ月}{12 カ月} = ¥30,000$（月の途中で取得した場合にも，減価償却費は月割計算します）

これらの合計なので¥250,000になります。

各勘定の記入は，次のようになります。

備　　　品

X8/ 4/ 1	前 期 繰 越	1,000,000	X9/ 3/31	次 期 繰 越	1,720,000
12/ 8	当 座 預 金	720,000			
		1,720,000			1,720,000

備品減価償却累計額

X9/ 3/31	次 期 繰 越	660,000	X8/ 4/ 1	前 期 繰 越	410,000
			X9/ 3/31	減 価 償 却 費	250,000
		660,000			660,000

減価償却費

X9/ 3/31	備品減価償却累計額	250,000	X9/ 3/31	損　　　　益	250,000

	借 方 科 目	金 額	貸 方 科 目	金 額
①	減 価 償 却 費	10,000	建物減価償却累計額	10,000
②	備 品	724,800	当 座 預 金	724,800
③	減 価 償 却 費	15,100	備品減価償却累計額	15,100

解説

① 減価償却費：$（¥6,000,000 - ¥0）÷ 50年 × \dfrac{1 カ月}{12 カ月} = ¥10,000$

② 有形固定資産の取得にさいして支払った付随費用は，その有形固定資産の取得原価に含めます。

③ 減価償却費：$（¥724,800 - ¥0）÷ 4 年 × \dfrac{1 カ月}{12 カ月} = ¥15,100$

問題 10-7

	借 方 科 目	金 額	貸 方 科 目	金 額
①	備 品 消 耗 品 費	700,000 5,000	未 払 金	705,000
②	備 品	6,411,000	普 通 預 金	6,411,000

解説

① 問題文の指示にしたがい，パソコンは備品，印刷用紙は消耗品費で処理します。

② 有形固定資産の取得にさいして支払った付随費用は，その有形固定資産の取得原価に含めます。

問題 10-8

①	②	③	④	⑤
750,000	150,000	60,000	120,000	250,000

解説

① $¥1,200,000 - ¥450,000 = ¥750,000$

② $（¥1,200,000 - ¥0）÷ 8 年 = ¥150,000$

③ X6年10月〜X7年 3 月までの 6 カ月分なので，$（¥600,000 - ¥0）÷ 5 年 × \dfrac{6 カ月}{12 カ月} = ¥60,000$

④ $（¥600,000 - ¥0）÷ 5 年 = ¥120,000$

⑤ $（¥1,000,000 - ¥0）÷ 4 年 = ¥250,000$

問題 10-9

①	②	③	④	⑤
1,976,000	2,696,000	668,000	減価償却費	499,000

① 前期末までに購入済みの備品 X の取得原価¥1,400,000と備品 Y の取得原価¥576,000の合計なので，¥1,976,000になります。

② 当期に購入した備品 Z の取得原価¥720,000を①に加えた金額になるので，¥2,696,000になります。

③ 備品 X の減価償却累計額¥560,000と備品 Y の減価償却累計額¥108,000の合計なので，¥668,000になります。

④ 決算時に行った仕訳の相手勘定科目より減価償却費になります。

⑤ 備品 X，備品 Y および備品 Z の当期減価償却費の合計なので，¥499,000になります。

備品 Z の当期減価償却費：$(¥720,000 - ¥0) ÷ 8 年 × \dfrac{10 カ月}{12 カ月} = ¥75,000$

第 11 章
貸倒損失と貸倒引当金

問題 11−1

	借 方 科 目	金 額	貸 方 科 目	金 額
①	貸 倒 損 失	145,000	売 掛 金	145,000
②	貸倒引当金繰入	4,000	貸 倒 引 当 金	4,000
③	貸 倒 引 当 金	11,000	売 掛 金	11,000
④	貸 倒 引 当 金	5,000	貸倒引当金戻入	5,000
⑤	貸 倒 引 当 金 貸 倒 損 失	39,000 17,000	売 掛 金	56,000

解説

① 貸倒引当金が設定されていない場合に貸倒れが発生したときは，全額貸倒損失で処理します。

② 貸倒見積額が貸倒引当金残高を上回る場合には，その足りない分だけを新たに貸倒引当金に繰り入れます。これにより，結果的には貸倒見積額に相当する金額が貸倒引当金として設定されることになります。

　貸倒引当金繰入：$¥200,000 × 5 \% - ¥6,000 = ¥4,000$

③ 貸倒額が貸倒引当金残高を下回る場合には，貸倒額と同額の貸倒引当金を取り崩します。

④ 貸倒見積額が貸倒引当金残高を下回る場合には，残高が見積額を超過している分だけ貸倒引当金を戻し入れて減額します。

　貸倒引当金戻入：$¥12,000 - ¥350,000 × 2 \% = ¥5,000$

⑤ 貸倒額が貸倒引当金残高を超過する場合には，その超過額は貸倒損失で処理します。

	借 方 科 目	金 額	貸 方 科 目	金 額
①	ウ	2,000	エ	2,000
②	ウ	40,000	イ	40,000
③	カ	62,000	ウ	62,000
④	ウ	70,000	イ	78,000
	キ	8,000		
⑤	ア	30,000	オ	30,000

解説

① 決算時における貸倒見積額￥48,000（＝￥1,600,000×3％）よりも，すでに設定されている貸倒引当金の残高￥50,000のほうが多いので，多い分￥2,000だけ貸倒引当金を減額して貸倒見積額に合わせます。

② 貸倒れが発生したので，貸倒引当金を取り崩します。取崩後の貸倒引当金勘定の残高は￥48,000－￥40,000＝￥8,000になります。

③ 貸倒見積額は￥70,000（＝￥1,400,000×5％）となりますが，この時点における貸倒引当金勘定の残高が￥8,000あるので，新たに貸倒引当金に繰り入れる金額は￥62,000（＝￥70,000－￥8,000）になります。

④ 貸倒引当金勘定の残高￥70,000を超える金額が貸倒れとなっているので，この超える部分の金額￥8,000（＝￥78,000－￥70,000）は貸倒損失として処理します。

⑤ 過年度に貸倒れとして処理した債権を当期に回収した場合には，償却債権取立益で処理します。

第12章 資本

問題 12-1

	借 方 科 目	金 額	貸 方 科 目	金 額
①	普 通 預 金	3,000,000	資 本 金	3,000,000
②	当 座 預 金	1,280,000	資 本 金	1,280,000

解説

株式の発行による株主からの払込金は資本金で処理します。

問題 12-2

	借 方 科 目	金 額	貸 方 科 目	金 額
①	損 益	550,000	繰越利益剰余金	550,000
②	繰越利益剰余金	360,000	損 益	360,000

解説

① 当期純利益：￥6,280,000－￥5,730,000＝￥550,000

　損益勘定で算定された当期純利益を繰越利益剰余金に振り替えるので，損益勘定の借方と繰越利益剰余金勘定の貸方に記入します。

② 当期純損失：￥2,330,000－￥2,690,000＝△￥360,000

　損益勘定で算定された当期純損失を繰越利益剰余金に振り替えるので，損益勘定の貸方と繰越利益剰余金勘定の借方に記入します。

問題 12-3

	借 方 科 目	金　　額	貸 方 科 目	金　　額
①	売　　　　　上	4,642,000	損　　　　　益	4,642,000
	損　　　　　益	3,235,000	仕　　　　　入	2,455,000
			給　　　　　料	780,000
②	損　　　　　益	1,407,000	繰越利益剰余金	1,407,000

解説

② 当期純利益：¥4,642,000（売上）－¥2,455,000（仕入）－¥780,000（給料）＝¥1,407,000
損益勘定で算定された当期純利益を繰越利益剰余金に振り替えるので，損益勘定の借方と繰越利益剰余金勘定の貸方に記入します。

問題 12-4

（問1）　¥（　3,911,000　）

（問2）　¥（　1,888,000　）

（問3）

借 方 科 目	金　　額	貸 方 科 目	金　　額
損　　　　　益	1,888,000	繰越利益剰余金	1,888,000

解説

（問1）
売上原価：¥860,000（期首商品棚卸高）＋¥3,775,000（当期商品仕入高）－¥724,000（期末商品棚卸高）
＝¥3,911,000
（問2）
通信費：¥128,000＋¥5,000＝¥133,000
当期純利益：¥5,932,000（売上）－¥3,911,000（売上原価）－¥133,000（通信費）＝¥1,888,000
（問3）
損益勘定で算定された当期純利益を繰越利益剰余金に振り替えるので，損益勘定の借方と繰越利益剰余金勘定の貸方に記入します。

問題 12-5

	借 方 科 目	金　　額	貸 方 科 目	金　　額
①	エ	110,000	イ	100,000
			ウ	10,000
②	イ	100,000	ア	100,000

解説

① 配当額と利益準備金積立額の合計額の繰越利益剰余金が減少するので，繰越利益剰余金勘定の借方に記入します。

問題 13－1

A社の仕訳

	借 方 科 目	金 額	貸 方 科 目	金 額
5／1	貸 付 金	600,000	現 金	600,000
10／31	現 金	15,000	受 取 利 息	15,000
3／31	未 収 利 息 受 取 利 息	12,500 27,500	受 取 利 息 損 益	12,500 27,500
4／1	受 取 利 息	12,500	未 収 利 息	12,500

受 取 利 息

3/31 損 益	27,500	10/31 現 金	15,000
		3/31 未収利息	12,500
	27,500		27,500
4/ 1 未収利息	12,500		

未 収 利 息

3/31 受取利息	12,500	3/31 次期繰越	12,500
4/ 1 前期繰越	12,500	4/ 1 受取利息	12,500

B社の仕訳

	借 方 科 目	金 額	貸 方 科 目	金 額
5／1	現 金	600,000	借 入 金	600,000
10／31	支 払 利 息	15,000	現 金	15,000
3／31	支 払 利 息 損 益	12,500 27,500	未 払 利 息 支 払 利 息	12,500 27,500
4／1	未 払 利 息	12,500	支 払 利 息	12,500

支 払 利 息

10/31 現 金	15,000	3/31 損 益	27,500
3/31 未払利息	12,500		
	27,500		27,500
		4/ 1 未払利息	12,500

未 払 利 息

3/31 次期繰越	12,500	3/31 支払利息	12,500
4/ 1 支払利息	12,500	4/ 1 前期繰越	12,500

解説

A社の未収利息と，当期の利息発生高の関係は，次のとおりです。

当期5／1貸付け　　　　　→　　　　　当期10/31利払日　　　　　→　　　　　当期決算日3／31

（6カ月分の利息受取り）　　　　　　　（5カ月分は経過済み＝未収）
→現金で受取済み¥15,000　　　　　未収利息として計上（貸借対照表）　¥12,500（※）

当期の利息発生高として計上（損益計算書）¥27,500

未収利息の計算：$¥600,000 × 5\% × \dfrac{5カ月（11月～3月）}{12カ月} = ¥12,500$

未収利息は，当期の利息収益を正しく計上するために処理された計算上の資産です。実際に利息を受け

取ることができる日は，利払日（4月30日）です。反対に，未払利息は，当期の利息費用を正しく計上するために処理された計算上の負債です。再振替仕訳は，前期決算仕訳の反対仕訳を行うことで未収高・未払高を収益・費用から控除し，収益・費用の計上額を適正な金額に調整しています。

問題 13－2

A社の仕訳

	借方科目	金額	貸方科目	金額
7／1	現　　　金	240,000	受　取　地　代	240,000
3／31	受　取　地　代	60,000	前　受　地　代	60,000
	受　取　地　代	180,000	損　　　益	180,000
4／1	前　受　地　代	60,000	受　取　地　代	60,000

受取地代

3/31 前受地代	60,000	7／1 現　金	240,000
〃 損　益	180,000		
	240,000		240,000
		4／1 前受地代	60,000

前受地代

3/31 次期繰越	60,000	3/31 受取地代	60,000
4／1 受取地代	60,000	4／1 前期繰越	60,000

B社の仕訳

	借方科目	金額	貸方科目	金額
7／1	支　払　地　代	240,000	現　　　金	240,000
3／31	前　払　地　代	60,000	支　払　地　代	60,000
	損　　　益	180,000	支　払　地　代	180,000
4／1	支　払　地　代	60,000	前　払　地　代	60,000

支払地代

7／1 現　金	240,000	3/31 前払地代	60,000
		〃 損　益	180,000
	240,000		240,000
4／1 前払地代	60,000		

前払地代

3/31 支払地代	60,000	3/31 次期繰越	60,000
4／1 前期繰越	60,000	4／1 支払地代	60,000

解説

A社の前受地代と，当期の地代発生高の関係は，次のとおりです。

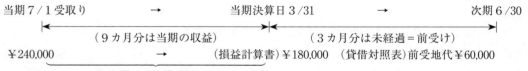

前受地代の計算：¥20,000×3カ月（4月～6月）＝¥60,000

前受地代は，当期の地代収益を正しく計上するために処理された計算上の負債です。反対に，前払地代は，当期の地代費用を正しく計上するために処理された計算上の資産です。

期首の再振替仕訳は，前期決算仕訳の反対仕訳を行い，前期に控除した前受高・前払高を足し戻して収益・費用の発生高に加算する処理を行っています。

問題 13-3

	借方科目	金額	貸方科目	金額
4／1	支払地代	30,000	前払地代	30,000
6／1	支払地代	180,000	現金	180,000
3／31	前払地代	30,000	支払地代	30,000
	損益	180,000	支払地代	180,000

前 払 地 代

X2年		摘要	仕丁	借方	X2年		摘要	仕丁	貸方
4	1	前期繰越	✓	30,000	4	1	支払地代	1	30,000
3	31	支払地代	12	30,000	3	31	次期繰越	✓	30,000
				60,000					60,000
4	1	前期繰越	✓	30,000					

支 払 地 代

X2年		摘要	仕丁	借方	X2年		摘要	仕丁	貸方
4	1	前払地代	1	30,000	3	31	前払地代	12	30,000
6	1	現金	3	180,000	〃		損益	13	180,000
				210,000					210,000

解説

　開始記入は，資産・負債・資本の勘定について，締切りと同時に，繰越高を翌期首の日付により記入するものです。ここでは，前払地代について，前期からの繰越高が記入されます。

　決算整理では，地代の当期前払分の金額が計上されます。

　決算振替では，当期の地代（費用）発生高（4月～3月）が損益勘定に振り替えられます。

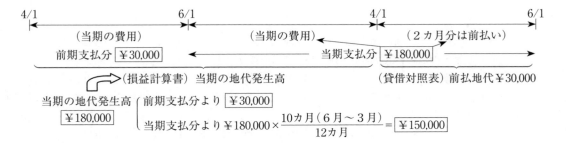

問題 13-4

①

支 払 家 賃

X4/ 6/ 1	（現金）	（ 240,000）	X5/ 3/31	（前払家賃）	（ 80,000）
12/ 1	（現金）	（ 240,000）	〃	（損益）	（ 400,000）
		（480,000）			（ 480,000）

49

前　払　家　賃

X5/ 3/31 （支払家賃）（	80,000)	X5/ 3/31 （次期繰越）（	80,000)
X5/ 4/ 1　前期繰越　（	80,000)		

②

ア	イ	ウ	エ	オ
15,000	未払利息	7,500	損益	22,500

③

ア	イ	ウ	エ
50,000	損益	150,000	次期繰越

解説

① 各期日の仕訳は次のようになります。

X4.6.1　（借）支　払　家　賃　　240,000　（貸）現　　　　　金　　240,000

X4.12.1　（借）支　払　家　賃　　240,000　（貸）現　　　　　金　　240,000

X5.3.31　X5年4月〜5月の2カ月分が前払いになります。

　　（借）前　払　家　賃　　80,000　（貸）支　払　家　賃　　80,000

支払家賃勘定の残高を損益勘定に振り替えて締め切り，前払家賃勘定には次期繰越と記入して締め切ります。

　　（借）損　　　　　益　　400,000　（貸）支　払　家　賃　　400,000

② 各期日の仕訳は次のようになります。

X6.12.31　支払利息は¥1,000,000×3％×$\frac{6カ月}{12カ月}$＝¥15,000

　　（借）支　払　利　息　　15,000　（貸）当　座　預　金　　15,000

X7.3.31　X7年1月〜3月の3カ月分が未払いになるので，未払利息は¥1,000,000×3％×$\frac{3カ月}{12カ月}$＝¥7,500

　　（借）支　払　利　息　　7,500　（貸）未　払　利　息　　7,500

支払利息勘定の残高を損益勘定に振り替えて締め切ります。

　　（借）損　　　　　益　　22,500　（貸）支　払　利　息　　22,500

③ 各期日の仕訳は次のようになります。3カ月分を受け取るので，当座預金口座への振込額は¥150,000になります。

11.1　（借）当　座　預　金　　150,000　（貸）受　取　家　賃　　150,000

2.1　（借）当　座　預　金　　150,000　（貸）受　取　家　賃　　150,000

3.31　次期の4月分が前受けになります。

　　（借）受　取　家　賃　　50,000　（貸）前　受　家　賃　　50,000

受取家賃勘定の残高を損益勘定に振り替えて締め切り，前受家賃勘定には次期繰越と記入して締め切ります。

　　（借）受　取　家　賃　　250,000　（貸）損　　　　　益　　250,000

	借 方 科 目	金 額	貸 方 科 目	金 額
①	ウ	8,200	ア	13,200
	エ	5,000		
②	イ	4,070	ウ	2,870
			エ	1,200
③	ウ	2,870	イ	4,070
	エ	1,200		

解説

① 郵便切手は通信費，収入印紙は租税公課で処理します。

② 未使用分を費用の勘定から貯蔵品勘定に振り替えます。

問題 13-6

	借 方 科 目	金 額	貸 方 科 目	金 額
①	諸 会 費	20,000	普 通 預 金	20,100
	支 払 手 数 料	100		
②	諸 会 費	30,000	未 払 金	30,000

第14章

税　金

問題 14-1

	借 方 科 目	金 額	貸 方 科 目	金 額
①	租 税 公 課	128,000	現 金	128,000
②	租 税 公 課	4,600	現 金	6,100
	通 信 費	1,500		
③	租 税 公 課	28,000	普 通 預 金	28,000

解説

① 固定資産税は租税公課で処理します。

② 収入印紙は租税公課，郵便切手は通信費で処理します。

③ 営業用の自動車にかかる自動車税は租税公課で処理します。

問題 14-2

	借 方 科 目	金 額	貸 方 科 目	金 額
①	仮 払 法 人 税 等	250,000	普 通 預 金	250,000
②	法人税，住民税及び事業税	600,000	仮 払 法 人 税 等	250,000
			未 払 法 人 税 等	350,000
③	未 払 法 人 税 等	350,000	普 通 預 金	350,000

① 法人税，住民税及び事業税の中間納付額は仮払法人税等で処理します。

② 算定された法人税，住民税及び事業税の額と仮払法人税等との差額は未払法人税等で処理します。

「法人税，住民税及び事業税」は「法人税等」とすることもあります。

問題 14−3

	借 方 科 目	金 額	貸 方 科 目	金 額
①	仮 払 法 人 税 等	400,000	現 金	400,000
②	法人税，住民税及び事業税	794,000	仮 払 法 人 税 等 未 払 法 人 税 等	400,000 394,000
③	法人税，住民税及び事業税	258,000	仮 払 法 人 税 等 未 払 法 人 税 等	116,000 142,000

解説

③ 法人税，住民税及び事業税：¥860,000 × 30％ ＝ ¥258,000

未払法人税等：¥258,000 − ¥116,000 ＝ ¥142,000

問題 14−4

	借 方 科 目	金 額	貸 方 科 目	金 額
①	仮 払 法 人 税 等	380,000	普 通 預 金	380,000
②	未 払 法 人 税 等	520,000	普 通 預 金	520,000

解説

① 納期等の区分が中間申告なので，仮払法人税等で処理します。

② 納期等の区分が確定申告なので，未払法人税等を納付したため，未払法人税等を減少させます。

問題 14−5

	借 方 科 目	金 額	貸 方 科 目	金 額
①	ク ウ	10,000 1,000	エ	11,000
②	イ	16,500	キカ	15,000 1,500
③	カ	1,500	ウ オ	1,000 500
④	オ	500	ア	500

解説

① 仮払消費税：¥10,000 × 10％ ＝ ¥1,000

② 仮受消費税：¥15,000 × 10％ ＝ ¥1,500

③ 仮受消費税と仮払消費税の差額は未払消費税で処理します。

問題 14−6

	借 方 科 目	金 額	貸 方 科 目	金 額
①	仕　　　　入	80,000	買　　掛　　金	88,000
	仮 払 消 費 税	8,000		
②	現　　　　金	42,900	売　　　　上	69,000
	クレジット売掛金	32,010	仮 受 消 費 税	6,900
	支 払 手 数 料	990		
③	未 払 消 費 税	160,000	普 通 預 金	160,000

解説

① 仕入は消費税を含まない金額で計上します。

② 売上は消費税を含まない金額で計上します。

　支払手数料：（¥75,900 − ¥42,900）× 3 ％ = ¥990

　クレジット売掛金：¥75,900 − ¥42,900 − ¥990 = ¥32,010

③ 科目が「消費税及び地方消費税」，納期等の区分が「確定申告」となっているので，未払消費税の納付であることがわかります。

第15章　伝票

問題 15−1

①

出 金 伝 票	
X1年 6 月10日	
科　　目	金　　額
仕　　　　入	40,000

振 替 伝 票			
X1年 6 月10日			
借方科目	金　　額	貸方科目	金　　額
仕　　入	60,000	買　掛　金	60,000

②

出 金 伝 票	
X1年 6 月10日	
科　　目	金　　額
買　掛　金	40,000

振 替 伝 票			
X1年 6 月10日			
借方科目	金　　額	貸方科目	金　　額
仕　　入	100,000	買　掛　金	100,000

①
買掛金元帳
名古屋商店

		6/ 1 前月繰越	120,000
		10 振替伝票	60,000

②
買掛金元帳
名古屋商店

6/10 出金伝票	40,000	6/ 1 前月繰越	120,000
		10 振替伝票	100,000

解説

①は，出金部分を出金伝票に，現金の入出金をともなわない部分（買掛金）を振替伝票に起票します。

②は，振替伝票で記入した金額を取引の総額¥100,000として起票し，出金伝票には掛代金の支払分を起票します。

①

出 金 伝 票	
科　目	金　額
仕　　入	3,000

振 替 伝 票			
借方科目	金　額	貸方科目	金　額
仕　　入	300,000	支 払 手 形	300,000

②

入 金 伝 票	
科　目	金　額
売　　上	200,000

振 替 伝 票			
借方科目	金　額	貸方科目	金　額
受 取 手 形	400,000	売　　上	400,000

解説

①，②それぞれの仕訳と伝票との対応関係は次のとおりです。

① （借）仕　　　　入　　300,000　（貸）支 払 手 形　300,000　（振替伝票に起票）
　　（借）仕　　　　入　　　3,000　（貸）現　　　　金　　3,000　（出金伝票に起票）
② （借）受 取 手 形　400,000　（貸）売　　　　上　400,000　（振替伝票に起票）
　　（借）現　　　　金　200,000　（貸）売　　　　上　200,000　（入金伝票に起票）

問題 15-3

ア	イ	ウ	エ	オ
40,000	買掛金	売掛金	発送費	記入なし
カ	キ	ク	ケ	
仮払金	記入なし	502,000	当座預金	

解説

① 仕訳は次のようになります。

　　　　　（借）仕　　　　入　　400,000　（貸）現　　　　金　　40,000
　　　　　　　　　　　　　　　　　　　　　　買　掛　金　360,000

取引を分解する方法を用いた場合，次のように起票されます。

　　　　　（借）仕　　　　入　　40,000　（貸）現　　　　金　　40,000　→　出金伝票
　　　　　（借）仕　　　　入　　360,000　（貸）買　掛　金　360,000　→　振替伝票

取引を擬制する方法を用いた場合，次のように起票されます。

　　　　　（借）仕　　　　入　　400,000　（貸）買　掛　金　400,000　→　振替伝票
　　　　　（借）買　掛　金　　40,000　（貸）現　　　　金　　40,000　→　出金伝票

振替伝票の記入が仕入¥360,000となっていることから，取引を分解する方法であることがわかるので，（ア）は¥40,000，（イ）は買掛金になります。

② 仕訳は次のようになります。

　　　　　（借）現　　　　金　　30,000　（貸）売　　　　上　180,000
　　　　　　　　売　掛　金　150,000
　　　　　（借）発　送　費　　1,200　（貸）現　　　　金　　1,200

売上取引の部分につき，取引を分解する方法を用いた場合，次のように起票されます。

　　　　　（借）現　　　　金　　30,000　（貸）売　　　　上　　30,000　→　入金伝票

（借）売　掛　金　　150,000　（貸）売　　　　　上　　150,000　→　振替伝票

売上取引の部分につき，取引を擬制する方法を用いた場合，次のように起票されます。

（借）売　掛　金　　180,000　（貸）売　　　　　上　　180,000　→　振替伝票
（借）現　　　　金　　 30,000　（貸）売　　掛　　金　　 30,000　→　入金伝票

　　振替伝票の記入が売掛金¥180,000と売上¥180,000となっていることから，取引を擬制する方法であることがわかるので，（ウ）は売掛金になります。
　　現金で支払った発送費は出金伝票に記載されるので，（エ）は発送費になります。
③　仕訳は次のようになります。

（借）旅　費　交　通　費　　 2,800　（貸）仮　　払　　金　　 2,800

　　現金の入出金がないので，すべて振替伝票に記入するため，（オ）は記入なし，（カ）は仮払金になります。
④　仕訳は次のようになります。

（借）備　　　　品　　502,000　（貸）当　座　預　金　　502,000

　　現金の入出金がないので，すべて振替伝票に記入するため，（キ）は記入なし，（ク）は¥502,000，（ケ）は当座預金になります。

問題 15-4

①

仕　訳　日　計　表
X3年6月1日

借　　方	勘　定　科　目	貸　　方
130,000	現　　　　　　金	70,000
	売　　掛　　金	10,000
	未　収　入　金	40,000
	支　払　手　形	15,000
65,000	買　　掛　　金	46,000
	売　　　　　　上	80,000
46,000	仕　　　　　　入	
20,000	消　耗　品　費	
261,000		261,000

②　6月1日における千葉商店に対する買掛金残高　¥（　111,000　）

解説

仕訳は次のようになります。

	借　方　科　目	金　　額	貸　方　科　目	金　　額
入金伝票	現　　　　　　金	130,000	未　収　入　金 売　　　　　　上 売　　掛　　金	40,000 80,000 10,000
出金伝票	買　　掛　　金 消　耗　品　費	50,000 20,000	現　　　　　　金	70,000
振替伝票	買　　掛　　金 仕　　　　　　入	15,000 46,000	支　払　手　形 買　　掛　　金	15,000 46,000

① 各勘定について，借方合計と貸方合計を仕訳日計表に記入します。
② ¥130,000（5/31）－¥50,000（出金 No.21）－¥15,000（振替 No.31）＋¥46,000（振替 No.32）＝¥111,000

問題 15-5

仕 訳 日 計 表
X1年4月1日

借 方	勘 定 科 目	貸 方
9,000	現　　　　金	8,700
2,800	受 取 手 形	
6,000	売 　掛　 金	10,800
1,500	備　　　　品	800
6,500	買　 掛　 金	4,400
1,200	未 　払　 金	1,500
	売　　　　上	6,000
4,400	仕　　　　入	
1,000	消 耗 品 費	
	固定資産売却益	200
32,400		32,400

総 勘 定 元 帳

現　　金

4/ 1	前期繰越	40,000	4/ 1	仕訳日計表		8,700
〃	仕訳日計表	9,000				

売　掛　金

4/ 1	前期繰越	30,000	4/ 1	仕訳日計表		10,800
〃	仕訳日計表	6,000				

備　　品

4/ 1	前期繰越	8,000	4/ 1	仕訳日計表		800
〃	仕訳日計表	1,500				

未　払　金

4/ 1	仕訳日計表	1,200	4/ 1	前期繰越		1,200
			〃	仕訳日計表		1,500

補 助 元 帳
売 掛 金 元 帳

愛 知 商 店

4/ 1	前期繰越	20,000	4/ 1	入金伝票		5,000
〃	振替伝票	6,000				

三 重 商 店

4/ 1	前期繰越	10,000	4/ 1	入金伝票		3,000
			〃	振替伝票		2,800

解説

1 仕訳日計表の金額
　　現金勘定の借方は入金伝票の合計額なので，¥5,000＋¥3,000＋¥800＋¥200＝¥9,000
　　現金勘定の貸方は出金伝票の合計額なので，¥4,000＋¥2,500＋¥1,000＋¥1,200＝¥8,700
2 総勘定元帳には仕訳日計表から合計転記をするので，総勘定元帳の摘要欄は「仕訳日計表」になります。
3 補助元帳には各伝票から個別転記するので，補助元帳における人名勘定の摘要欄は各伝票名になります
　（伝票番号も記入することがあります）。

問題 16-1

残 高 試 算 表

X8年 8 月31日

借　　　方	勘 定 科 目	貸　　　方
265,000	現　　　　　金	
822,000	当 座 預 金	
300,000	電 子 記 録 債 権	
422,000	売　　掛　　金	
289,000	繰 越 商 品	
30,000	前　　払　　金	
1,800,000	建　　　　　物	
1,200,000	土　　　　　地	
	電 子 記 録 債 務	130,000
	買　　掛　　金	355,000
	所 得 税 預 り 金	11,000
	社会保険料預り金	20,000
	貸 倒 引 当 金	13,000
	建物減価償却累計額	997,500
	資　　本　　金	1,400,000
	繰越利益剰余金	820,000
	売　　　　　上	7,792,000
4,295,000	仕　　　　　入	
1,730,000	給　　　　　料	
109,000	水 道 光 熱 費	
46,000	通　　信　　費	
90,000	法 定 福 利 費	
37,500	減 価 償 却 費	
103,000	そ の 他 費 用	
11,538,500		11,538,500

解説

8月中の取引の仕訳は次のようになります。

2日	（借）	仕 入	165,000	（貸）	前 払 金	50,000			
					買 掛 金	115,000			
3日	（借）	買 掛 金	70,000	（貸）	電子記録債務	70,000			
8日	（借）	売 掛 金	192,000	（貸）	売 上	192,000			
9日	（借）	所得税預り金	12,000	（貸）	現 金	12,000			
10日	（借）	電子記録債権	200,000	（貸）	売 掛 金	200,000			
14日	（借）	当 座 預 金	160,000	（貸）	売 掛 金	160,000			
16日	（借）	買 掛 金	110,000	（貸）	当 座 預 金	110,000			
20日	（借）	給 料	260,000	（貸）	当 座 預 金	229,000			
					所得税預り金	11,000			
					社会保険料預り金	20,000			
21日	（借）	水 道 光 熱 費	13,000	（貸）	当 座 預 金	21,000			
		通 信 費	8,000						
24日	（借）	前 払 金	30,000	（貸）	現 金	30,000			
28日	（借）	当 座 預 金	300,000	（貸）	電子記録債権	300,000			
	（借）	電子記録債務	80,000	（貸）	当 座 預 金	80,000			
30日	（借）	社会保険料預り金	18,000	（貸）	現 金	36,000			
		法 定 福 利 費	18,000						
31日	（借）	減 価 償 却 費	7,500	（貸）	建物減価償却累計額	7,500			

7月31日の各勘定の残高に8月中の取引を加減して，8月31日の残高試算表を作成します。

問1

決算整理後残高試算表

X9年3月31日

借　　方	勘　定　科　目	貸　　方
475,000	現　　　　　金	
1,476,000	当　座　預　金	
1,573,000	普　通　預　金	
1,150,000	売　　掛　　金	
660,000	繰　越　商　品	
17,000	貯　蔵　品	
60,000	（前払）保険料	
800,000	備　　　　　品	
	買　　掛　　金	451,000
	借　　入　　金	800,000
	貸　倒　引　当　金	46,000
	備品減価償却累計額	325,000
	（未払）利　息	6,400
	未　払　消　費　税	330,000
	未　払　法　人　税　等	186,000
	資　　本　　金	2,000,000
	繰越利益剰余金	872,000
	売　　　　　上	7,800,000
	受　取　手　数　料	352,000
4,540,000	仕　　　　　入	
1,460,000	給　　　　　料	
278,000	租　税　公　課	
120,000	保　　険　　料	
36,000	貸倒引当金繰入	
175,000	減　価　償　却　費	
38,400	支　払　利　息	
2,000	雑　（　損　）	
308,000	法人税, 住民税及び事業税	
13,168,400		13,168,400

問2　¥（1,194,600）

問1

仕訳は次のようになります。

①	（借）	普 通 預 金	300,000	（貸）	売 掛 金	300,000
②	（借）	雑 損	2,000	（貸）	現 金	2,000
③	（借）	貸倒引当金繰入	36,000	（貸）	貸 倒 引 当 金	36,000

$$（¥1,450,000 - ①¥300,000）× 4 \% - ¥10,000 = ¥36,000$$

④	（借）	仮 受 消 費 税	780,000	（貸）	仮 払 消 費 税	450,000
					未 払 消 費 税	330,000
⑤	（借）	仕 入	700,000	（貸）	繰 越 商 品	700,000
	（借）	繰 越 商 品	660,000	（貸）	仕 入	660,000
⑥	（借）	減 価 償 却 費	175,000	（貸）	備品減価償却累計額	175,000

既存分：$（¥600,000 - ¥0）÷ 4 年 = ¥150,000$

新規分：$（¥200,000 - ¥0）÷ 4 年 × \dfrac{6 カ月}{12 カ月} = ¥25,000$

⑦	（借）	貯 蔵 品	17,000	（貸）	租 税 公 課	17,000
⑧	（借）	前 払 保 険 料	60,000	（貸）	保 険 料	60,000
⑨	（借）	支 払 利 息	6,400	（貸）	未 払 利 息	6,400

$$¥800,000 × 2.4 \% × \dfrac{4 カ月（X8年12月〜X9年 3 月）}{12 カ月} = ¥6,400$$

⑩	（借）	法人税, 住民税及 び 事 業 税	308,000	（貸）	仮 払 法 人 税 等	122,000
					未 払 法 人 税 等	186,000

問2　決算整理後の収益合計は¥8,152,000, 費用と法人税, 住民税及び事業税の合計は¥6,957,400なので, 当期純利益が¥1,194,600になります。

問1

決算整理後残高試算表
X8年3月31日

借　方	勘 定 科 目	貸　方
258,000	現　　　　　金	
776,000	普　通　預　金	
600,000	売　掛　金	
205,000	繰　越　商　品	
300,000	貸　付　金	
600,000	備　　　　　品	
	買　掛　金	377,700
	貸　倒　引　当　金	18,000
	備品減価償却累計額	300,000
	未　払　消　費　税	153,300
	未　払　法　人　税　等	105,000
	資　本　金	995,000
	繰越利益剰余金	380,000
	売　　　　　上	4,533,000
	受　取　利　息	4,000
3,207,000	仕　　　　　入	
305,000	給　　　　　料	
360,000	支　払　家　賃	
35,000	水　道　光　熱　費	
11,000	貸倒引当金繰入	
100,000	減　価　償　却　費	
1,000	雑　（　損　）	
180,000	法人税, 住民税及び事業税	
	当　座　借　越	154,000
	（前　受）利　息	8,000
90,000	（前　払）家　賃	
7,028,000		7,028,000

問2　¥（　338,000　）

問1

仕訳は次のようになります。

①	(借)	仮　受　金	56,000	(貸)	売　掛　金	56,000		
②	(借)	仕　　　入	40,000	(貸)	買　掛　金	44,000		
		仮 払 消 費 税	4,000					
③	(借)	雑　　　損	1,000	(貸)	現　　　金	1,000		
④	(借)	当 座 預 金	154,000	(貸)	当 座 借 越	154,000		
⑤	(借)	貸倒引当金繰入	11,000	(貸)	貸 倒 引 当 金	11,000		

（¥656,000－①¥56,000）× 3 ％ － ¥7,000 ＝ ¥11,000

⑥	(借)	仕　　　入	412,000	(貸)	繰 越 商 品	412,000	
		繰 越 商 品	205,000		仕　　　入	205,000	

仕入勘定の残高：¥2,960,000＋②¥40,000＋¥412,000－¥205,000＝¥3,207,000

⑦	(借)	減 価 償 却 費	100,000	(貸)	備品減価償却累計額	100,000	
⑧	(借)	受 取 利 息	8,000	(貸)	前 受 利 息	8,000	

貸付時に，1 年分（X7年12月～X8年11月まで）の利息を受け取っているので，前受は X8年 4月～11月までの 8 カ月分です。

$$¥300,000 × 4 ％ × \frac{8 カ月}{12 カ月} ＝ ¥8,000$$

⑨	(借)	前 払 家 賃	90,000	(貸)	支 払 家 賃	90,000	
⑩	(借)	仮 受 消 費 税	453,300	(貸)	仮 払 消 費 税	300,000	
					未 払 消 費 税	153,300	

仮払消費税：¥296,000＋②4,000＝¥300,000

⑪	(借)	法人税，住民税及び事業税	180,000	(貸)	仮 払 法 人 税 等	75,000	
					未 払 法 人 税 等	105,000	

問2　決算整理後の収益合計は¥4,537,000，費用と法人税，住民税及び事業税の合計は¥4,199,000なので，当期純利益は¥338,000になります。

62

精 算 表

勘 定 科 目	残高試算表		修正記入		損益計算書		貸借対照表	
	借方	貸方	借方	貸方	借方	貸方	借方	貸方
現　　　　金	355,000		3,000				358,000	
当 座 預 金		393,000	150,000					
			243,000					
電 子 記 録 債 権	400,000						400,000	
売 　 掛 　 金	750,000			150,000			600,000	
繰 越 商 品	920,000		838,000	920,000			838,000	
仮 　 払 　 金	40,000			40,000				
仮 払 消 費 税	720,000			720,000				
建 　 　 　 物	2,400,000						2,400,000	
土 　 　 　 地	1,456,000						1,456,000	
買 　 掛 　 金		240,000						240,000
借 　 入 　 金		300,000						300,000
仮 受 消 費 税		980,000	980,000					
貸 倒 引 当 金		18,000		22,000				40,000
建物減価償却累計額		960,000		80,000				1,040,000
資 　 本 　 金		1,500,000						1,500,000
繰越利益剰余金		1,034,000						1,034,000
売 　 　 　 上		9,800,000				9,800,000		
仕 　 　 　 入	7,200,000			7,200,000				
給 　 　 　 料	908,000				908,000			
旅 費 交 通 費	49,000		37,000		86,000			
保 　 険 　 料	21,000			4,500	16,500			
支 払 利 息	6,000		4,000		10,000			
	15,225,000	15,225,000						
当 座 借 越				243,000				243,000
貸倒引当金繰入			22,000		22,000			
未 払 消 費 税				260,000				260,000
売 上 原 価			920,000	838,000	7,282,000			
			7,200,000					
減 価 償 却 費			80,000		80,000			
（前払）保険料			4,500				4,500	
（未払）利 息				4,000				4,000
当 期 純（利益）					1,395,500			1,395,500
			10,481,500	10,481,500	9,800,000	9,800,000	6,056,500	6,056,500

（注）　損益計算書の売上原価￥7,282,000は，いずれかの行に書いてあればよい。

解説

仕訳は次のようになります。

①	(借) 現 金	3,000	(貸) 仮 払 金	40,000
	旅 費 交 通 費	37,000		
②	(借) 当 座 預 金	150,000	(貸) 売 掛 金	150,000
③	(借) 当 座 預 金	243,000	(貸) 当 座 借 越	243,000

¥393,000 − ②¥150,000 ＝ ¥243,000

④	(借) 貸 倒 引 当 金 繰 入	22,000	(貸) 貸 倒 引 当 金	22,000

（¥400,000 ＋ ¥750,000 − ②¥150,000）× 4 ％ − ¥18,000 ＝ ¥22,000

⑤	(借) 仮 受 消 費 税	980,000	(貸) 仮 払 消 費 税	720,000
			未 払 消 費 税	260,000
⑥	(借) 売 上 原 価	920,000	(貸) 繰 越 商 品	920,000
	(借) 売 上 原 価	7,200,000	(貸) 仕 入	7,200,000
	(借) 繰 越 商 品	838,000	(貸) 売 上 原 価	838,000
⑦	(借) 減 価 償 却 費	80,000	(貸) 建物減価償却累計額	80,000
⑧	(借) 前 払 保 険 料	4,500	(貸) 保 険 料	4,500
⑨	(借) 支 払 利 息	4,000	(貸) 未 払 利 息	4,000

$$¥300,000 × 4 ％ × \frac{4 \text{カ月（X5年12月～X6年3月）}}{12 \text{カ月}} = ¥4,000$$

精　算　表

勘 定 科 目	残高試算表		修正記入		損益計算書		貸借対照表	
	借方	貸方	借方	貸方	借方	貸方	借方	貸方
現　　　金	361,000						361,000	
普通預金A銀行	2,352,000			1,000,400			1,351,600	
普通預金B銀行	515,000		1,000,000				1,515,000	
売　掛　金	900,000						900,000	
繰 越 商 品	343,000		237,000	343,000			237,000	
備　　　品	900,000						900,000	
土　　　地	1,000,000			300,000			700,000	
買　掛　金		280,000	25,000					255,000
未　払　金		40,000		10,000				50,000
借　入　金		600,000						600,000
仮　受　金		380,000	380,000					
貸 倒 引 当 金		15,000		12,000				27,000
備品減価償却累計額		345,000		15,000				360,000
資　本　金		2,100,000						2,100,000
繰越利益剰余金		1,170,000						1,170,000
売　　　上		9,250,000				9,250,000		
仕　　　入	5,750,000		343,000	25,000	5,831,000			
				237,000				
給　　　料	780,000		27,000		807,000			
支 払 家 賃	980,000				980,000			
旅 費 交 通 費	75,000		10,000		85,000			
支 払 手 数 料	4,000		400		4,400			
租 税 公 課	25,000			5,000	20,000			
減 価 償 却 費	165,000		15,000		180,000			
支 払 利 息	30,000			20,000	10,000			
	14,180,000	14,180,000						
固定資産売却(益)				80,000		80,000		
貸倒引当金繰入			12,000		12,000			
貯 蔵 品			5,000				5,000	
（未払）給　料				27,000				27,000
（前払）利　息			20,000				20,000	
当期純（利益）					1,400,600			1,400,600
			2,074,400	2,074,400	9,330,000	9,330,000	5,989,600	5,989,600

（注）　損益計算書の仕入¥5,831,000は，いずれかの行に書いてあればよい。

65

解説

仕訳は次のようになります。

①	（借）	普通預金B銀行	1,000,000	（貸）	普通預金A銀行	1,000,400
		支 払 手 数 料	400			
②	（借）	買 掛 金	25,000	（貸）	仕 入	25,000
③	（借）	仮 受 金	380,000	（貸）	土 地	300,000
					固定資産売却益	80,000
④	（借）	貸倒引当金繰入	12,000	（貸）	貸 倒 引 当 金	12,000

¥900,000×3％−¥15,000＝¥12,000

⑤	（借）	貯 蔵 品	5,000	（貸）	租 税 公 課	5,000
⑥	（借）	仕 入	343,000	（貸）	繰 越 商 品	343,000
	（借）	繰 越 商 品	237,000	（貸）	仕 入	237,000
⑦	（借）	減 価 償 却 費	15,000	（貸）	備品減価償却累計額	15,000

1カ月分の減価償却費：$¥900,000 ÷ 5年 × \dfrac{1カ月}{12カ月} = ¥15,000$

⑧	（借）	給 料	27,000	（貸）	未 払 給 料	27,000
⑨	（借）	前 払 利 息	20,000	（貸）	支 払 利 息	20,000

$¥30,000 × \dfrac{8カ月（X8年4月〜X8年11月）}{12カ月} = ¥20,000$

⑩	（借）	旅 費 交 通 費	10,000	（貸）	未 払 金	10,000

問題 16-6

貸 借 対 照 表
X8年3月31日　　　　　　　　　　　　　　　　（単位：円）

現　　　　　金		(228,000)	買　掛　金	(774,000)
当 座 預 金		(1,070,000)	社会保険料預り金	(15,000)
電 子 記 録 債 権	(352,000)		前 受 収 益	(78,000)
売　掛　金	(248,000)		（未払）費 用	(15,000)
（貸倒引当金）△(24,000)		(576,000)	未払法人税等	(109,000)
商　　　品		(290,000)	資　本　金	(2,500,000)
貯　蔵　品		(4,000)	繰越利益剰余金	(2,127,000)
建　　　物	(2,000,000)			
減価償却累計額 △(300,000)		(1,700,000)		
備　　　品	(400,000)			
減価償却累計額 △(150,000)		(250,000)		
土　　　地		(1,500,000)		
		(5,618,000)		(5,618,000)

損 益 計 算 書

X7年4月1日からX8年3月31日まで　　　　　　　　（単位：円）

売 上 原 価	（7,516,000）	売 上 高	（9,195,000）
給 料	（ 620,000）	受 取 手 数 料	（ 353,000）
広 告 宣 伝 費	（ 125,000）		
水 道 光 熱 費	（ 49,000）		
通 信 費	（ 56,000）		
法 定 福 利 費	（ 175,000）		
貸倒引当金繰入	（ 10,000）		
減 価 償 却 費	（ 150,000）		
雑 （ 損 ）	（ 1,000）		
法人税, 住民税及び事業税	（ 229,000）		
当 期 純 （利益）	（ 617,000）		
	（9,548,000）		（9,548,000）

解説

仕訳は次のようになります。

① （借）水 道 光 熱 費　 12,000　（貸）現 金　 13,000
　　　　　雑 損　 1,000

② （借）当 座 預 金　155,000　（貸）売 掛 金　155,000

③ （借）貸倒引当金繰入　 10,000　（貸）貸 倒 引 当 金　 10,000
　　（¥352,000＋¥403,000－②¥155,000）×4％－¥14,000＝¥10,000

④ （借）仕 入　330,000　（貸）繰 越 商 品　330,000
　　（借）繰 越 商 品　290,000　（貸）仕 入　290,000
　　売上原価：期首商品棚卸高¥330,000＋当期仕入高¥7,476,000－期末商品棚卸高¥290,000
　　　　　＝¥7,516,000

⑤ （借）減 価 償 却 費　150,000　（貸）建物減価償却累計額　 50,000
　　　　　　　　　　　　　　　　　　備品減価償却累計額　100,000
　　建物：（¥2,000,000－¥0）÷40年＝¥50,000
　　備品：（¥400,000－¥0）÷4年＝¥100,000

⑥ （借）貯 蔵 品　 4,000　（貸）通 信 費　 4,000

⑦ （借）受 取 手 数 料　 78,000　（貸）前 受 手 数 料　 78,000
　　貸借対照表では，前受手数料は前受収益と表示します。

⑧ （借）法 定 福 利 費　 15,000　（貸）未払法定福利費　 15,000
　　貸借対照表では，未払法定福利費は未払費用と表示します。

⑨ （借）法人税, 住民税及 び 事 業 税　229,000　（貸）仮 払 法 人 税 等　120,000
　　　　　　　　　　　　　　　　　　　　未 払 法 人 税 等　109,000
　　繰越利益剰余金：¥1,510,000（決算整理前残高試算表）＋¥617,000（当期純利益）＝¥2,127,000

貸 借 対 照 表
X8年 3 月31日
（単位：円）

現 金		(154,000)	買 掛 金	(600,000)
売 掛 金	(620,000)		前 受 金	(25,000)
(貸倒引当金) △(31,000)		(589,000)	未 払 消 費 税	(150,000)
商 品		(458,000)	未 払 費 用	(33,000)
未 収 収 益		(14,000)	借 入 金	(183,000)
建 物	(3,000,000)		資 本 金	(3,300,000)
減価償却累計額 △(900,000)		(2,100,000)	繰越利益剰余金	(2,090,000)
備 品	(600,000)			
減価償却累計額 △(360,000)		(240,000)		
土 地		(2,826,000)		
		(6,381,000)		(6,381,000)

損 益 計 算 書
X7年 4 月 1 日から X8年 3 月31日まで
（単位：円）

売 上 原 価	(3,652,000)	売 上 高	(5,175,000)
給 料	(973,000)	受 取 手 数 料	(134,000)
広 告 宣 伝 費	(140,000)		
水 道 光 熱 費	(151,000)		
貸倒引当金繰入	(21,000)		
減 価 償 却 費	(220,000)		
当 期 純 （利益）	(152,000)		
	(5,309,000)		(5,309,000)

解説

仕訳は次のようになります。

① （借）買 掛 金 110,000 （貸）現 金 110,000
② （借）当 座 預 金 183,000 （貸）借 入 金 183,000
③ （借）売 上 25,000 （貸）前 受 金 25,000
④ （借）仮 受 金 39,000 （貸）売 掛 金 39,000
⑤ （借）貸倒引当金繰入 21,000 （貸）貸 倒 引 当 金 21,000
（¥659,000 − ④¥39,000）× 5 ％ − ¥10,000 ＝ ¥21,000
⑥ （借）仮 受 消 費 税 520,000 （貸）仮 払 消 費 税 370,000
未 払 消 費 税 150,000
⑦ （借）仕 入 410,000 （貸）繰 越 商 品 410,000
（借）繰 越 商 品 458,000 （貸）仕 入 458,000
売上原価：期首商品棚卸高¥410,000 ＋ 当期仕入高¥3,700,000 − 期末商品棚卸高¥458,000
＝ ¥3,652,000
⑧ （借）減 価 償 却 費 220,000 （貸）建物減価償却累計額 100,000
備品減価償却累計額 120,000

建物：（¥3,000,000 − ¥0）÷30年 ＝ ¥100,000

備品：（¥600,000 − ¥0）÷ 5 年 ＝ ¥120,000

⑨ （借）未 収 手 数 料 14,000 （貸）受 取 手 数 料 14,000
貸借対照表では，未収手数料は未収収益と表示します。

⑩　（借）給　　　　料　　33,000　（貸）未　払　給　料　　　33,000
　　貸借対照表では，未払給料は未払費用と表示します。
　　繰越利益剰余金：¥1,938,000（決算整理前残高試算表）＋¥152,000（当期純利益）＝¥2,090,000

第17章
総合模擬問題(1)

問題 17-1 （45点）

	借　方　科　目	金　　　額	貸　方　科　目	金　　　額
①	オ	6,000	ア	6,800
	カ	800		
②	カ	355,000	エ	355,000
	オ	5,000	イ	5,000
③	イ	150,000	ア	300,000
	カ	150,000		
④	カ	505,000	エ	500,000
			ア	5,000
⑤	ア	1,005,600	ウ	1,000,000
			オ	5,600
⑥	ウ	800,000	イ	1,000,000
	カ	200,000		
⑦	ウ	100,000	ア	100,000
⑧	イ	200,000	ウ	200,000
⑨	イ	4,200,000	エ	4,200,000
⑩	カ	1,800	ア	1,800
⑪	ア	240,000	ウ	400,000
	カ	160,000		
⑫	ア	40,000	エ	40,000
⑬	カ	450,000	イ	90,000
			ウ	360,000
⑭	ウ	250,000	ア	250,000
⑮	ア	884,400	オ	804,000
			エ	80,400

仕訳1組につき3点。合計45点。

解説

① 収入印紙の購入代金は租税公課で，郵便切手の購入代金は通信費で処理します。

② 送料を含めた合計額¥355,000で売掛金と売上の計上をします。送料は発送費で処理し，その支払義務は未払金で処理します。

③ 従業員から源泉徴収した分は社会保険料預り金で，会社負担分は法定福利費で処理します。

④ 商品購入に伴う当社負担の引取運賃は，商品の取得原価に含めます。

⑤ 貸付金から生じた利息は受取利息で処理します。受取利息は$¥1,000,000 \times 1.4\% \times \dfrac{146日}{365日} = ¥5,600$になります。

⑥ 有形固定資産を購入した後に，その有形固定資産について金銭を支出することがあります。有形固定資産の価値が増加する，または耐用年数が延長するような資本的支出の場合は，その支出額を取得原価に加えます。一方，通常予定される修理や保守のための収益的支出の場合は，修繕費で処理します。

⑦ 掛売上した商品が返品されたので，掛売上時の逆仕訳を行います。

⑧ 電子債権記録機関に債権の発生記録を請求したときは，売掛金を電子記録債権に振り替えます。

⑨ 増資にさいして，株主からの払込額は資本金で処理します。

⑩ 帳簿残高より実際有高が¥1,800少ないので，現金勘定の貸方に記帳し，帳簿上の現金残高を¥1,800減少させて，帳簿残高と実際有高を一致させます。借方は現金過不足とします。

⑪ 契約時に支払っていた敷金（保証金）は，差入保証金として借方計上されているので，これを貸方記帳します。修繕にかかった費用は修繕費で処理します。

⑫ 当期において，過年度に貸倒れとして処理した債権の一部または全部を回収したときは，償却債権取立益で処理します。

⑬ 注文時に支払った手付金は，前払金として借方計上されているので，これを相殺します。

⑭ 中間納付した法人税,住民税及び事業税は，仮払法人税等で処理します。

⑮ 商品の売上に伴う消費税は，仮受消費税で処理します。

問題 17-2 （20点）

(1)

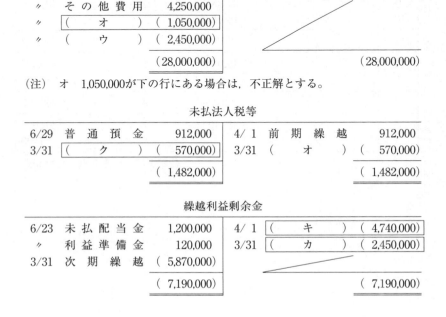

損　益

3/31	仕　　　入	20,250,000	3/31	（　エ　）	(28,000,000)
〃	その他費用	4,250,000			
〃	（　オ　）	(1,050,000)			
〃	（　ウ　）	(2,450,000)			
		(28,000,000)			(28,000,000)

（注）　オ　1,050,000が下の行にある場合は，不正解とする。

未払法人税等

6/29	普通預金	912,000	4/1	前期繰越	912,000
3/31	（　ク　）	(570,000)	3/31	（　オ　）	(570,000)
		(1,482,000)			(1,482,000)

繰越利益剰余金

6/23	未払配当金	1,200,000	4/1	（　キ　）	(4,740,000)
〃	利益準備金	120,000	3/31	（　カ　）	(2,450,000)
3/31	次期繰越	(5,870,000)			
		(7,190,000)			(7,190,000)

(2)

問1

補助簿／日付	現金出納帳	当座預金出納帳	商品有高帳	売掛金（得意先）元帳	買掛金（仕入先）元帳	受取手形記入帳	支払手形記入帳	仕入帳	売上帳	固定資産台帳
1日		○								○
7日			○	○					○	
15日	○		○		○		○	○		
21日		○		○		○				

問2　¥ （　10,000　）

□ 1つにつき2点。合計20点。

解説

(1)

売上勘定の残高￥28,000,000（＝￥28,750,000－￥750,000）を損益勘定に振り替えます。

(借) 売　　　　　　上　28,000,000　(貸) 損　　　　　　益　28,000,000

繰越利益剰余金勘定の前期繰越（4/1）－未払配当金￥1,200,000－利益準備金￥120,000＝決算整理前残高￥3,420,000の関係から，前期繰越は￥4,740,000になります。

税引前の利益：売上￥28,000,000－仕入￥20,250,000－その他費用￥4,250,000＝￥3,500,000

法人税，住民税及び事業税：￥3,500,000×30％＝￥1,050,000

(借) 法人税，住民税及び事業税　1,050,000　(貸) 仮払法人税等　480,000

未払法人税等　570,000

当期純利益：売上￥28,000,000－仕入￥20,250,000－その他費用￥4,250,000－法人税，住民税及び事業税￥1,050,000＝￥2,450,000（または￥3,500,000×70％）

損益勘定で算定された当期純利益を繰越利益剰余金勘定に振り替えます。

(借) 損　　　　　　益　2,450,000　(貸) 繰越利益剰余金　2,450,000

(2)

問1　指示された各取引日の仕訳を示すと次のようになります。補助簿への記入は，仕訳をするとわかりやすいです。なお，商品有高帳への記入は，商品の仕入・売上時のほか，仕入返品，売上戻りの際にも行われ，すべて原価による記入となるため売上時の記入に売価を用いないよう注意してください。

1日　(借) 土　　　　地（固定資産台帳）　4,000,000　(貸) 当座預金（当座預金出納帳）　7,000,000
　　　　　建　　　　物（固定資産台帳）　3,000,000

7日　(借) 売　　　　上（売上帳・商品有高帳）　20,000　(貸) 売　掛　金（売掛金元帳）　20,000
　　　　※商品有高帳の記入は，原価分のみ。

15日　(借) 仕　　　　入（仕入帳・商品有高帳）　460,000　(貸) 支払手形（支払手形記入帳）　225,000
　　　　　　　　　　　　　　　　　　　　　　　　　　　　買　掛　金（買掛金元帳）　225,000
　　　　　　　　　　　　　　　　　　　　　　　　　　　　現　　　　金（現金出納帳）　10,000

21日　(借) 当座預金（当座預金出納帳）　500,000　(貸) 受取手形（受取手形記入帳）　500,000
　　　　(借) 当座預金（当座預金出納帳）　700,000　(貸) 売　掛　金（売掛金元帳）　700,000

問2　減価償却費：$¥3,000,000 \div 25年 \times \dfrac{1カ月}{12カ月} = ¥10,000$

(借) 減価償却費　10,000　(貸) 建物減価償却累計額　10,000

貸 借 対 照 表

X8年3月31日 (単位:円)

現 金		(420,500)	買 掛 金		1,065,000
当 座 預 金		(2,550,000)	未 払 消 費 税		(880,000)
普 通 預 金		(5,000,000)	未 払 法 人 税 等		(600,000)
売 掛 金	(800,000)		借 入 金		5,000,000
(貸倒引当金)	△(8,000)	(792,000)	資 本 金		7,800,000
商 品		(650,000)	利 益 準 備 金		600,000
貯 蔵 品		(30,000)	繰越利益剰余金		(3,279,500)
前 払 (費 用)		(80,000)			
未 収 (収 益)		(12,000)			
貸 付 金		(2,000,000)			
建 物	(4,500,000)				
減価償却累計額	△(2,850,000)	(1,650,000)			
備 品	(800,000)				
減価償却累計額	△(560,000)	(240,000)			
土 地		5,800,000			
		(19,224,500)			(19,224,500)

損 益 計 算 書

X7年4月1日から X8年3月31日まで (単位:円)

売 上 原 価	(10,350,000)	売 上 高	(19,000,000)
給 料	3,480,000	受 取 手 数 料	(203,000)
旅 費 交 通 費	(561,500)	受 取 利 息	(12,000)
保 険 料	(240,000)		
水 道 光 熱 費	300,000		
通 信 費	(120,000)		
租 税 公 課	(220,000)		
貸倒引当金繰入	(3,000)		
減 価 償 却 費	(310,000)		
支 払 利 息	100,000		
雑 (損)	(1,000)		
法人税,住民税及び事業税	950,000		
当期純 (利益)	(2,579,500)		
	(19,215,000)		(19,215,000)

▢ 1つにつき3点。 ⬚ 1つにつき2点。 合計35点。

決算整理事項等の仕訳は次のとおりです。

1．（借）当 座 預 金　200,000　（貸）売 掛 金　200,000
2．（借）通 信 費　20,000　（貸）現 金 過 不 足　18,000
　　　　 雑 損　1,000　　　　受 取 手 数 料　3,000

　　　未記帳の通信費￥20,000を借方に，受取手数料￥3,000を貸方に記帳します。原因が判明した現金の不足分は￥20,000－￥3,000＝￥17,000です。したがって，雑損の金額は￥18,000－￥17,000＝￥1,000になります。

3．（借）貸倒引当金繰入　3,000　（貸）貸 倒 引 当 金　3,000
　　　売掛金の期末残高：￥1,000,000－￥200,000（上記1．）＝￥800,000
　　　貸倒引当金繰入：￥800,000×1％－￥5,000（貸倒引当金残高）＝￥3,000

4．（借）現 金　8,500　（貸）仮 払 金　70,000
　　　　 旅 費 交 通 費　61,500

5．（借）仕 入　800,000　（貸）繰 越 商 品　800,000
　　（借）繰 越 商 品　650,000　（貸）仕 入　650,000

6．（借）減 価 償 却 費　310,000　（貸）建物減価償却累計額　150,000
　　　　　　　　　　　　　　　　　　　　備品減価償却累計額　160,000

　　　建物分：（￥4,500,000－￥0）÷30年＝￥150,000
　　　備品分：（￥800,000－￥0）÷5年＝￥160,000

7．（借）貯 蔵 品　30,000　（貸）租 税 公 課　30,000
8．（借）前 払 保 険 料　80,000　（貸）保 険 料　80,000
　　　貸借対照表では，前払保険料は前払費用と表示されます。

9．（借）未 収 利 息　12,000　（貸）受 取 利 息　12,000

　　　未収利息：$￥2,000,000×1.8\%×\dfrac{4カ月（12月～3月）}{12カ月}＝￥12,000$

　　　貸借対照表では，未収利息は未収収益と表示されます。

10．（借）仮 受 消 費 税　1,900,000　（貸）仮 払 消 費 税　1,020,000
　　　　　　　　　　　　　　　　　　　　　未 払 消 費 税　880,000

11．（借）法人税，住民税　950,000　（貸）仮 払 法 人 税 等　350,000
　　　　　及 び 事 業 税
　　　　　　　　　　　　　　　　　　　　　未 払 法 人 税 等　600,000

貸借対照表の繰越利益剰余金：￥700,000（決算整理前残高試算表）＋￥2,579,500（当期純利益）＝￥3,279,500

問題 18-1 (45点)

	借方科目	金額	貸方科目	金額
①	エ	150,000	カ	150,000
②	ア	3,952,000	エ	4,000,000
	オ	48,000		
③	オ	800,000	ウ	30,000
			ア	45,000
			エ	100,000
			イ	625,000
④	ウ	400,000	オ	400,000
	カ	5,000	ア	5,000
⑤	オ	900,000	ウ	990,000
	イ	90,000		
⑥	イ	860,000	エ	850,000
			ア	10,000
⑦	イ	291,000	オ	300,000
	カ	9,000		
⑧	オ	200,000	イ	200,000
⑨	カ	220,000	ウ	200,000
			オ	20,000
⑩	エ	600,000	イ	600,000
⑪	エ	2,970,000	ウ	3,300,000
	イ	350,000	オ	20,000
⑫	ウ	400,000	イ	700,000
	カ	300,000		
⑬	オ	110,000	カ	550,000
	イ	440,000		
⑭	カ	400,000	ウ	400,000
⑮	イ	500,000	エ	552,750
	カ	2,500		
	ウ	50,250		

仕訳1組につき3点　合計45点。

① 商品代金を市町村発行などの商品券で受け取った場合には，受取商品券で処理します。

② 約束手形を振り出して借入れを行ったときは，手形借入金で処理します。

　　支払利息は，¥4,000,000 × 3 % × $\frac{146日}{365日}$ = ¥48,000になります。

③ 従業員給料の支給時に源泉徴収した所得税は所得税預り金，住民税は住民税預り金，健康保険等の社会保険料は社会保険料預り金で処理します。

④ 商品売上のさいに生じる当社負担の発送費は，発送費で処理します。

⑤ 仕入時に消費税課税を含む場合の処理は，本体価格を仕入とし，消費税は仮払消費税で処理します。また，代金支払いの勘定（本問は買掛金）は消費税を含む金額になります。

⑥ 商品陳列棚は備品で処理します。商品以外の購入代金で取引日後に支払いを行う（翌月払いなど）場合には，未払金で処理します。購入にともない生じた引取費などの付随費用は取得原価に含めます。

⑦ クレジット払いによる販売代金はクレジット売掛金で，信販会社への手数料は支払手数料で処理します。

⑧ 電子記録債務の支払期日には，その支払いが行われるため電子記録債務が減少（借方に記入）します。

⑨ 株主総会で剰余金の配当および利益準備金の積立てが承認された場合には，配当金と利益準備金積立額の合計額が繰越利益剰余金から減少するため借方に記入し，配当金は支払いが決議された時点で支払義務が生じるため未払配当金として負債処理し，利益準備金積立額は利益準備金として処理します。

⑩ 買掛金を支払ったときは，買掛金が減少（借方に記入）し，小切手を振り出して支払いとあるので，当座預金の減少（貸方に記入）として処理します。

⑪ 帳簿価額¥330,000（= ¥3,300,000 − ¥2,970,000）の車両運搬具を¥350,000で売却したため，固定資産売却益¥20,000が発生します。

⑫ 得意先の倒産による貸倒れの場合，債権（売掛金など）を減少させるため貸方に記入します。

　　借方は貸倒引当金を残高の範囲で減少させる記入を行い，引当金の不足額は貸倒損失としてその期の損失に計上します。なお，当期の販売により発生した債権が貸倒れになる場合は，債権減少額を貸倒損失として全額費用処理します。

⑬ 売上の前に受け取った手付金は，前受金として処理されています。売上時には，受け取ってある前受金を債務から消去するため借方に記入し，掛代金は売掛金とします。

⑭ 当期純利益は損益勘定で計算され，損益勘定の借方から繰越利益剰余金勘定の貸方への振替仕訳を行います（資本振替仕訳）。当期純利益は，収益総額から費用総額（記載がある場合には法人税等を加算する）を差し引いた金額となります。

⑮ 事務使用の物品で¥100,000以上は備品，それ未満は消耗品費として処理します。また，購入時にかかる消費税は消耗品費などの費用にも課税され，仮払消費税で処理します。

問題 18-2 （20点）

(1)

①	②	③	④	⑤	⑥
6,000	18,000	損益	24,000	前期繰越	12,000

各2点。計12点。

(2)

問1

①	②	③
1,440,000	1,400,000	375,000

問2 ￥ （ 120,000 ）の売却 （ 損 ・ 益 ）

各2点。計8点。合計20点。

解説

(1) 各期日の仕訳は次のようになります。

X7年3月31日（前期末）
　未収利息の計上が次のように行われています。

　　　（借）未 収 利 息　　6,000　（貸）受 取 利 息　　6,000

　未収利息：$¥1,000,000 \times 1.8\% \times \dfrac{4 \, \text{カ月（X6年12月〜X7年3月）}}{12 \text{カ月}} = ¥6,000$

X7年4月1日（当期首）
　再振替仕訳を行います。

　　　（借）受 取 利 息　　6,000　（貸）未 収 利 息　　6,000

X7年11月30日

　　　（借）普 通 預 金　1,018,000　（貸）貸　　付　　金　1,000,000
　　　　　　　　　　　　　　　　　（貸）受 取 利 息　　　18,000

　受取利息：$¥1,000,000 \times 1.8\% = ¥18,000$

X8年1月1日

　　　（借）貸　　付　　金　3,000,000　（貸）普 通 預 金　3,000,000

X8年3月31日（当期末）

　　　（借）未 収 利 息　　12,000　（貸）受 取 利 息　　12,000

　未収利息：$¥3,000,000 \times 1.6\% \times \dfrac{3 \, \text{カ月（X8年1月〜3月）}}{12 \text{カ月}} = ¥12,000$

受取利息勘定の残高￥24,000を損益勘定に振り替えて締め切ります。

　　　（借）受 取 利 息　　24,000　（貸）損　　　　益　　24,000

未収利息勘定は，次期繰越と記入して締め切ります。

資料にある勘定の転記を示すと，次のようになります。

76

受 取 利 息

（ 4/ 1）（未 収 利 息）（	6,000）	（11/30）（普 通 預 金）（	18,000）
（ 3/31）（損 益）（	24,000）	（ 3/31）（未 収 利 息）（	12,000）
（	30,000）	（	30,000）

未 収 利 息

4/ 1（前 期 繰 越）（	6,000）	4/ 1（受 取 利 息）（	6,000）
3/31（受 取 利 息）（	12,000）	3/31（次 期 繰 越）（	12,000）
（	18,000）	（	18,000）

(2)

問1

① X4年4月からX7年3月（前期末）までの3年間分の減価償却累計額です。

$¥2,400,000 ÷ 5年 × 3年 = ¥1,440,000$

② 期首減価償却累計額は，X6年10月からX7年3月（前期末）までの6カ月分です。

$¥1,600,000 ÷ 4年 × \dfrac{6カ月}{12カ月} = ¥200,000$

帳簿価額 ＝ 取得原価 ¥1,600,000 − 減価償却累計額 ¥200,000 ＝ ¥1,400,000

③ X7年7月からX8年3月（当期末まで）の9カ月分の減価償却費です。

$¥4,000,000 ÷ 8年 × \dfrac{9カ月}{12カ月} = ¥375,000$

問2 X7年4月からX7年12月までの減価償却費は，$¥2,400,000 ÷ 5年 × \dfrac{9カ月}{12カ月} = ¥360,000$

売却日における帳簿価額 ＝ 取得原価 ¥2,400,000 − 期首減価償却累計額 ¥1,440,000 − 減価償却費 ¥360,000
　　　　　　　　　　　 ＝ ¥600,000

売却価額 ¥480,000 − 帳簿価額 ¥600,000 ＝ 固定資産売却損 ¥120,000

精 算 表

勘 定 科 目	残高試算表 借方	残高試算表 貸方	修正記入 借方	修正記入 貸方	損益計算書 借方	損益計算書 貸方	貸借対照表 借方	貸借対照表 貸方
現　　　　金	980,000		500	2,500			978,000	
普 通 預 金	10,361,000						10,361,000	
売 　掛 　金	2,700,000			300,000			2,400,000	
繰 越 商 品	2,080,000		2,420,000	2,080,000			2,420,000	
仮払法人税等	350,000			350,000				
仮 払 消 費 税	2,060,000			2,060,000				
備　　　　品	4,600,000						4,600,000	
買 　掛 　金		2,140,000						2,140,000
借 　入 　金		5,000,000						5,000,000
仮 　受 　金		300,000	300,000					
仮 受 消 費 税		3,480,000	3,480,000					
貸 倒 引 当 金		20,000		4,000				24,000
備品減価償却累計額		1,155,000		440,000				1,595,000
資 　本 　金		7,300,000						7,300,000
繰越利益剰余金		1,500,000						1,500,000
売 　　　 上		34,800,000				34,800,000		
受 取 手 数 料		140,000	20,000			120,000		
仕 　　　 入	20,600,000		2,080,000	2,420,000	20,260,000			
支 払 家 賃	2,784,000			696,000	2,088,000			
租 税 公 課	420,000		2,500	5,000	417,500			
そ の 他 費 用	8,900,000				8,900,000			
	55,835,000	55,835,000						
雑 （ 益 ）				500		500		
貸倒引当金繰入			4,000		4,000			
減 価 償 却 費			440,000		440,000			
貯 　蔵 　品			5,000				5,000	
支 払 利 息			50,000		50,000			
（未払）消費税				1,420,000				1,420,000
前 払 家 賃			696,000				696,000	
（未払）利息				50,000				50,000
（前受）手数料				20,000				20,000
未払法人税等				450,000				450,000
法 人 税 等			800,000		800,000			
当期純（利益）					1,961,000			1,961,000
			10,298,000	10,298,000	34,920,500	34,920,500	21,460,000	21,460,000

☐1つにつき3点。 ┈1つにつき2点。合計35点。

決算整理事項等の仕訳は次のとおりです。

1. （借）租　税　公　課　　　　2,500　（貸）現　　　　　金　　　2,500
   （借）現　　　　　金　　　　　500　（貸）雑　　　　　益　　　　500
   租税公課記帳後の現金勘定残高は¥977,500となり，それを実際有高の¥978,000に修正する
   ため，¥500増加させる処理が必要になります（2行目の仕訳）。

2. （借）仮　　受　　金　　　300,000　（貸）売　　掛　　金　　300,000

3. （借）貸倒引当金繰入　　　　4,000　（貸）貸　倒　引　当　金　　4,000
   売掛金（¥2,700,000－¥300,000）×1％＝貸倒見積高¥24,000
   貸倒見積高¥24,000－貸倒引当金勘定残高¥20,000＝貸倒引当金繰入¥4,000

4. （借）仕　　　　　入　　2,080,000　（貸）繰　越　商　品　2,080,000
   （借）繰　越　商　品　　2,420,000　（貸）仕　　　　　入　2,420,000

5. （借）減　価　償　却　費　　440,000　（貸）備品減価償却累計額　440,000
   期首保有分：¥4,200,000÷10年＝¥420,000
   当期取得分：$¥400,000÷10年×\dfrac{6ヵ月}{12ヵ月}＝¥20,000$ ｝合計　¥440,000

6. （借）貯　　蔵　　品　　　　5,000　（貸）租　税　公　課　　　5,000

7. （借）仮　受　消　費　税　3,480,000　（貸）仮　払　消　費　税　2,060,000
   　　　　　　　　　　　　　　　　　　　　　未　払　消　費　税　1,420,000

8. （借）前　払　家　賃　　　696,000　（貸）支　払　家　賃　　696,000
   支払家賃勘定残高¥2,784,000÷16ヵ月（再振替仕訳分4ヵ月＋当期支出分12ヵ月）
   ＝¥174,000（1ヵ月分の家賃）
   前払いの月数（4ヵ月）×月額家賃¥174,000＝前払家賃の金額¥696,000

9. （借）支　払　利　息　　　50,000　（貸）未　払　利　息　　　50,000
   未払利息：$¥5,000,000×2％×\dfrac{6ヵ月（10月〜3月）}{12ヵ月}＝¥50,000$

10. （借）受　取　手　数　料　　20,000　（貸）前　受　手　数　料　　20,000

11. （借）法　人　税　等　　　800,000　（貸）仮　払　法　人　税　等　350,000
    　　　　　　　　　　　　　　　　　　　　　未　払　法　人　税　等　450,000

問題 **19-1** (45点)

	借 方 科 目	金 額	貸 方 科 目	金 額
①	ア オ	800,000 16,000	イ	816,000
②	エ ア	83,000 800	イ	83,800
③	イ	550,000	エ	550,000
④	カ オ イ	400,000 200,000 200,000	ウ	800,000
⑤	エ	360,000	カ	360,000
⑥	カ イ	3,800 500	ウ	4,300
⑦	カ エ ウ	720,000 20,000 60,000	ア	800,000
⑧	イ	1,500,000	オ	1,500,000
⑨	カ	800,000	イ	800,000
⑩	オ カ	400,000 40,000	ウ	440,000
⑪	ウ ア イ	480,000 60,000 180,000	オ	720,000
⑫	ア	360,000	カ	360,000
⑬	ア ウ	270,000 110,000	エ	380,000
⑭	ウ	162,000	オ	162,000
⑮	エ オ	175,000 2,000	ウ カ	175,000 2,000

仕訳1組につき3点。合計45点。

解説

① 借入れにともなう利息は支払利息で処理します。

② 固定資産税と収入印紙は租税公課で，郵便切手は通信費で処理します。

③ 受け取っていた約束手形が決済されたので，受取手形が減少します。

④ 保証金（敷金）は差入保証金，不動産会社に支払った手数料は支払手数料，家賃は支払家賃で処理します。

⑤ クレジット売掛金が回収されたので，その減額処理をします。

⑥ 原因がわかった分は適切な勘定科目で，継続調査する原因不明分は現金過不足で処理します。

⑦　帳簿価額¥80,000（＝取得原価¥800,000－減価償却累計額¥720,000）の備品を¥20,000で売却したので，固定資産売却損が¥60,000生じます。

⑧　株主からの払込額は，資本金で処理します。

⑨　貸方計上されている当座借越¥800,000を当座預金勘定に振り戻すので，借方が当座借越，貸方が当座預金になります。

⑩　備品購入にともなって支払った消費税は，仮払消費税で処理します。

⑪　会社負担分は法定福利費とします。従業員負担分は，問題文の指示に従って，3カ月分は社会保険料預り金で，9カ月分は従業員立替金で処理します。

⑫　売掛金について電子記録債権の発生記録の通知を受けたので，売掛金が減少し，電子記録債権が増加します。

⑬　前期販売分の売掛金¥350,000の貸倒れについては，貸倒引当金¥270,000を取り崩し，貸倒引当金残高を超過する分¥80,000は貸倒損失とします。当期販売分の売掛金¥30,000の貸倒れについては，全額を貸倒損失とします。この結果，貸倒損失は¥110,000になります。

⑭　商品仕入にともない約束手形を振り出したので，支払手形が増加します。

⑮　商品の送料は，発送費で処理します。

問題 19-2 (20点)

(1)

支 払 家 賃

4/ 1	（前払家賃）	（ 490,000）	3/31	（ 前払家賃 ）	（ 539,000）
11/ 1	（普通預金）	（ 924,000）	〃	（ 損 益 ）	（ 875,000）
		（ 1,414,000）			（ 1,414,000）

（前払）家賃

4/ 1	前 期 繰 越	490,000	4/ 1	支 払 家 賃	（ 490,000）
3/31	（ 支払家賃 ）	（ 539,000）	3/31	（ 次 期 繰 越 ）	（ 539,000）
		（ 1,029,000）			（ 1,029,000）

(2)

商 品 有 高 帳
B 商 品

X1年		摘　要	受　入			払　出			残　高		
			数量	単価	金　額	数量	単価	金　額	数量	単価	金　額
3	1	前月繰越	200	300	60,000				200	300	60,000
	6	売　上				150	300	45,000	50	300	15,000
	12	仕　入	200	320	64,000				250	316	79,000
	20	売　上				150	316	47,400	100	316	31,600
	31	次月繰越				100	316	31,600			
			400		124,000	400		124,000			

売上総利益　¥（ 　35,100 　）

(1) □ 1つにつき3点。計12点。
(2) □ 1つにつき2点。計8点。合計20点。

81

(1) 毎年11月1日に向こう1年分を支払っているので，毎決算日における前払分は7カ月分（4月～10月）です。値上げ前の1年分の家賃が¥490,000÷7カ月×12カ月＝¥840,000（月額¥70,000）なので，10%値上げ後の1年分の家賃は¥840,000×1.1＝¥924,000（月額¥77,000）です。

　　各期日の仕訳は次のようになります。

　　X7年3月31日（前期末）

　　　前払家賃の計上が次のように行われています。

　　　　　（借）前 払 家 賃　　　490,000　（貸）支 払 家 賃　　　490,000

　　X7年4月1日（当期首）

　　　再振替仕訳を行います。

　　　　　（借）支 払 家 賃　　　490,000　（貸）前 払 家 賃　　　490,000

　　X7年11月1日（支払日）

　　　　　（借）支 払 家 賃　　　924,000　（貸）普 通 預 金　　　924,000

　　X8年3月31日（当期末）

　　　　　（借）前 払 家 賃　　　539,000　（貸）支 払 家 賃　　　539,000

　　¥924,000÷12カ月×7カ月＝¥539,000

　　支払家賃勘定の残高¥875,000を損益勘定に振り替えます。

　　　　　（借）損　　　　　益　　　875,000　（貸）支 払 家 賃　　　875,000

　　前払家賃勘定は，次期繰越と記入して締め切ります。

(2) 1日　残高欄の記入は，受入欄の記入と同じ内容で行います。

　　6日　売上時の払出単価の記入は，前の日付（1日）の残高欄の単価で記入します。

　　12日　仕入諸掛は仕入原価に含めるため，諸掛込みの原価を仕入数量で除した単価を受入欄に記入します。

　　　　受入欄：仕入原価¥64,000÷仕入数量200個＝単価@¥320

　　　　残高欄：金額¥79,000÷数量250個＝単価@¥316

　　20日　6日と同様，前の日付（12日）の残高欄の単価@¥316で記入します。

　　25日　商品の変動はないため，商品有高帳への記入は行いません。

　　　　売上高：150個×@¥420＋150個×@¥430＝¥127,500

　　　　売上原価：¥45,000＋¥47,400＝¥92,400

　　　　売上総利益：¥127,500－¥92,400＝¥35,100

問1

決算整理後残高試算表

X8年3月31日

借　　方	勘 定 科 目	貸　　方
93,000	現　　　　　金	
1,689,000	普 通 預 金	
1,500,000	売 掛 金	
178,000	繰 越 商 品	
600,000	備　　　　　品	
	買 掛 金	313,000
	電 子 記 録 債 務	245,000
	借 入 金	400,000
	貸 倒 引 当 金	30,000
	備品減価償却累計額	525,000
	資 本 金	1,250,000
	繰 越 利 益 剰 余 金	591,000
	売　　　　　上	6,700,000
4,352,000	仕　　　　　入	
1,190,000	給　　　　　料	
360,000	支 払 家 賃	
65,500	通 信 費	
16,000	保 険 料	
5,000	支 払 利 息	
1,500	雑 （ 損 ）	
28,000	貸 倒 引 当 金 繰 入	
150,000	減 価 償 却 費	
	（ 未 払 ） 利 息	2,000
8,000	前 払 保 険 料	
	未 払 消 費 税	250,000
150,000	法人税, 住民税及び事業税	
	未 払 法 人 税 等	80,000
10,386,000		10,386,000

問2　￥（　382,000　）

□1つにつき4点。 ┈1つにつき3点。合計35点。

決算整理事項等の仕訳は次のとおりです。

①	（借）	買　掛　金	120,000	（貸）　電子記録債務	120,000
②	（借）	前　受　金	30,000	（貸）　売　　　　上	200,000
		売　掛　金	190,000	仮受消費税	20,000
③	（借）	通　信　費	3,500	（貸）　現　　　　金	5,000
		雑　　　損	1,500		
④	（借）	貸倒引当金繰入	28,000	（貸）　貸倒引当金	28,000

売掛金の期末残高：¥1,310,000＋②¥190,000＝¥1,500,000

貸倒引当金繰入：¥1,500,000×2％－¥2,000＝¥28,000

⑤	（借）	仕　　　入	330,000	（貸）　繰　越　商　品	330,000
	（借）	繰　越　商　品	178,000	（貸）　仕　　　入	178,000
⑥	（借）	減　価　償　却　費	150,000	（貸）　備品減価償却累計額	150,000

決算整理前残高試算表の備品減価償却累計額については，使用期間はX4年10月からX7年3

月までの30カ月分ですから，$¥600,000 \times \dfrac{30カ月}{48カ月（4年）} = ¥375,000$

当期の減価償却費：¥600,000÷4年＝¥150,000

⑦	（借）	仮　受　消　費　税	670,000	（貸）　仮　払　消　費　税	420,000
				未　払　消　費　税	250,000

仮受消費税：¥650,000＋②¥20,000＝¥670,000

⑧	（借）	支　払　利　息	2,000	（貸）　未　払　利　息	2,000

未払利息：$¥400,000 \times 1.5\% \times \dfrac{4カ月（12月〜3月）}{12カ月} = ¥2,000$

⑨	（借）	前　払　保　険　料	8,000	（貸）　保　　険　　料	8,000
⑩	（借）	法人税，住民税及び事業税	150,000	（貸）　仮払法人税等	70,000
				未払法人税等	80,000

決算整理前残高試算表の資本金¥1,250,000は，上記⑥で備品減価償却累計額¥375,000を求めた後に，貸借差額で求めます。

収益合計：売上¥6,700,000

費用合計：仕入，給料，支払家賃，通信費，保険料，支払利息，雑損，貸倒引当金繰入，減価償却費，法人税，住民税及び事業税の合計¥6,318,000

当期純利益：¥6,700,000－¥6,318,000＝¥382,000

INFORMATION

検定情報ダイヤル

日本商工会議所では，検定試験に関する様々な
お問い合わせに対応していくため，検定情報ダ
イヤルを設置しています。
試験概要，試験日程，受験料，申し込み方法、
場所等のお電話によるお問い合わせの場合は，
下記電話番号までご連絡下さい。

050-5541-8600

受付時間◆9:00〜20:00（年中無休）

検定試験に役立つ情報がインターネットに満載

https://www.kentei.ne.jp

今すぐ，アクセスを!!

普及

意味 広く行きわたること。

インターネットが普及していないので、鬼ヶ島の位置情報を入手するのに大変な苦労をする桃太郎。そうだ、上空からキジを偵察に行かせよう。

擬似自然

意味 本物のように似せた自然。

生け花の手入れに疲れたおばあさんは、生け花の代わりに造花を飾ることに。そうとは知らず疑似自然をめでるおじいさん。

共存

意味 2つ以上のものがいっしょに生きること。

おじいさんは山へ芝刈りに、おばあさんは川へ洗濯に。おたがい別行動でそれぞれの役割を果たしているので、上手く共存できているのであろう。

文化

意味 学問、芸術など、人の心の働きによって作り出されたもの。

人間の世界と鬼の世界の2つの文化の違いが長年にわたる対立を生んだのかも。おたがいわかり合える日は来るのかな。

精通

意味 ひじょうにくわしく知っていること。

鬼退治の前におじいさんに相談した桃太郎。おじいさんがあまりに鬼のことに精通しているので、余計な疑いを持ってしまった。もしや一味？

里山

意味 山のふもとの、村に近い地域。

山と村の間にある里山で修行を積んでいた桃太郎。そこでお供の動物たちに出会うことができた。彼らにとって、里山は思い出の場所。

誹謗中傷

意味 悪口を言い、人を傷つけること。

人間と対立してきたことであれこれ誹謗中傷を受けてきた鬼ヶ島の鬼たち。おたがいが交流してわかり合えていたら違った結果になっていたかも。

言語

意味 声や文字で、自分の考えや気持ちを相手に伝えるときに使うもの。

共通の言語を持たないお供のイヌ、サル、キジとのコミュニケーションは難しく、頭を悩ます桃太郎。だれか通訳して〜！

重要語句 09

市場
（しじょう）

意味 商品をやりとりする場。

戦うための資金が不足。困った桃太郎はきびだんごを売りにのこのこと鬼ヶ島へ。市場を開拓する前にやられるぞ！ 必死で止めるお供たち。

重要語句 10

国家
（こっか）

意味 ある決まった土地があり、そこに人々が住み、一つの政治で治められている集まり。

法律や政治の制度も整備されていない鬼ヶ島はまだ国家とは言えないが、住民が鬼だけの国家ができるのも恐ろしい。その前に退治しないと！

重要語句 11

社会
（しゃかい）

意味 助け合って生活している人々の集まり。

桃太郎にお供ができてから、桃太郎とイヌ、サル、キジとの間で上下関係なども出てきて、一つの社会が生まれたようだ。

重要語句 12

生存競争
（せいぞんきょうそう）

意味 生物が子孫を残すためにたがいに争うこと。

桃太郎が持ってきていたきびだんごが残りわずかに。お供の動物たちの間でみにくい生存競争が発生。早く次の食料を確保しなければ。

重要語句 13

環境
（かんきょう）

意味 人や生き物をとりまき、影響を与えるまわりの世界。

おばあさんが、川から流れてきた桃を食べようと家まで持って帰るのは、環境の悪化が問題になっている今では無理だと思う。

重要語句 14

優劣
（ゆうれつ）

意味 まさっているか、おとっているかということ。

鬼退治に向けて、お供になってくれたイヌ、サル、キジの中での能力はそれぞれの良さがあるので優劣はつけ難い。

重要語句 15

強弱
（きょうじゃく）

意味 強いか弱いかの程度。

気の弱いイヌはキジに頭が上がらない。それを知りぬいているキジのイヌに対する態度の強弱が絶妙だ。

重要語句 16

絶滅
（ぜつめつ）

意味 すっかりほろびて、なくなること。また、なくすこと。

鬼には鬼の世界や考え方があるので、鬼退治によって鬼を絶滅させてしまうのが本当に正しいことなのか悩むまじめな桃太郎であった。

保護
ほ ご

意味 あぶなくないように守ること。

お供たちには戦ってもらわなければならない一方で、鬼の攻撃から保護してあげなければならないという桃太郎のリーダーシップが試される。

保全
ほ ぜん

意味 安全であるように守ること。

おじいさんが山で芝刈りをし、おばあさんが川で洗濯をするような生活をずっとしていれば環境は保全できただろう。

因果関係
いん が かん けい

意味 ものごとの原因と結果のつながり。

おばあさんがたまたま川で拾った桃から生まれた桃太郎が大きくなって鬼退治に行くようになったというのは不思議な因果関係だ。

分析
ぶん せき

意味 ものごとを、細かく分けて、成り立ちなどを調べること。

鬼退治に向けて、相手の戦力を必死で分析する桃太郎。リーダーとしていいところを見せないと！

判断力
はん だん りょく

意味 ほんとうか、うそか、良いか、悪いかなどを、考えて決める能力。

赤ん坊だった桃太郎が立派に成長したのを見るにつれ、流れて来た桃を拾って持って帰ってきたおばあさんの判断力に感心するおじいさん。

生態
せい たい

意味 動物や植物が自然の中で生きているようす。

人間と違って鬼の生態がどういうものか誰も知らないので、鬼退治に対する作戦を立てるのもひと苦労。

矛盾
む じゅん

意味 つじつまが合わないこと。

これまで大事に育ててきた桃太郎を危険な鬼退治に行かせることに、心の中で矛盾を感じながらも、結局は送り出すおじいさんとおばあさん。

孤食
こ しょく

意味 ひとりで食事をすること。

群れから離れていたイヌとサルとキジ。桃太郎のお供になってから、それまでの孤食からみんなで一緒に食事する時間が楽しみになった。

重要語句 25

覚えて
おきたい
ことば

核家族
かくかぞく

意味 夫婦、または夫婦とその子どもだけの家族。

サルは故郷で暮らす祖父母、両親、兄弟の話を楽しそうにしている。桃太郎は核家族なのでそれがうらやましい。大家族になりたいな！

重要語句 26

覚えて
おきたい
ことば

他者理解
たしゃりかい

意味 ほかの人が持つ視点や意見を理解すること。

へぇ〜なるほど〜と、おたがいの考えにあいづちを打つお供たち。鬼退治のメンバー間での他者理解ができてるね！

重要語句 27

覚えて
おきたい
ことば

検索
けんさく

意味 必要なことがらを調べてさがし出すこと。

鬼退治に行く前に「鬼退治　成功例」をキーワードにしてインターネットで検索。事前準備に余念がないキジ。やる気満々だ。

重要語句 28

覚えて
おきたい
ことば

思考
しこう

意味 考えること。考え。

鬼退治を前に、イヌ、サル、キジの能力や最近のコンディションをもとに作戦会議。戦略についていろいろと思考を巡らす桃太郎。

重要語句 29

覚えて
おきたい
ことば

自由
じゆう

意味 他から束縛されないこと。また、その様子。

鬼退治のリーダーとして、お供たちに自由に戦わせるか、細かい戦術にもとづいてその通りに動いてもらうか、悩む桃太郎。どっちがいいか？

重要語句 30

覚えて
おきたい
ことば

平等
びょうどう

意味 かたよりがなく、みな等しいこと。

鬼退治のチームの中では皆を平等に扱うことで誰もが不満を持たないように気を配る桃太郎であったが、それが皆に通じているのだろうか。

重要語句 31

覚えて
おきたい
ことば

尊重
そんちょう

意味 価値を認め、大切にすること。

鬼退治の成功のためにお供たちの意見をできるだけ尊重して良いものは取り入れたいが、ろくな意見が出てこなくて途方に暮れる桃太郎。

重要語句 32

覚えて
おきたい
ことば

無駄
むだ

意味 役に立たないこと。効果がないこと。

鬼退治に向けての味方がイヌ、サル、キジだけなのは正直言って戦力として心細いが、彼らの頑張りが無駄にならないように工夫しなければ。

覚えて
おきたい
ことば

教育
きょう いく

意味 教えて育てること。

お供たちを教育しようと思った桃太郎だったが、元々がきびだんごにつられて付いてきたため、それほど学ぶ姿勢がないことに今さら気づいた。

覚えて
おきたい
ことば

抑圧
よく あつ

意味 （発展するものを）おさえつけること。

鬼たちの数々の悪事のためにこれまで抑圧されてきた村人たちを解放してあげたいと、心から願う桃太郎であった。

覚えて
おきたい
ことば

概念
がい ねん

意味 それぞれのことがらから、共通するところをとり出して、まとめた考え。

きびだんごにつられて付いてきたお供たちには、正義のために鬼退治をするという概念が欠けており、桃太郎の悩みは尽きない。

覚えて
おきたい
ことば

衛星
えい せい

意味 惑星の周りを回る小さな星。

桃太郎を地球とすると、イヌ・サル・キジはその周りを回っている月のような衛星にたとえられるが、地球はきびだんごかもしれない。

覚えて
おきたい
ことば

心理
しん り

意味 心の動き方。精神の状態。

きびだんごのために命をかけて鬼退治に行こうと思うお供たちの心理は、桃太郎には理解できない。

覚えて
おきたい
ことば

個性
こ せい

意味 その人、またはその物だけが持っている、ほかとはちがう性質。

お供たちのそれぞれの個性を上手く引き出してチームとして戦おうと思う桃太郎であったが、個性が違い過ぎてまとめるのが難しい。

覚えて
おきたい
ことば

知恵
ち え

意味 ものごとを考える頭の働き。

鬼退治に行くために十分な戦力が整っているとは言えないため、足りないところは知恵を絞って補うしかない。

覚えて
おきたい
ことば

可能性
か のう せい

意味 できそうな見込み。

流れてきた桃を鬼が拾っていた可能性もあったが、そうなると鬼のもとで桃太郎はすくすくと成長して村人に悪さをしていたのであろうか。

重要語句 41

想像（そうぞう）

意味　頭の中に思いうかべること。

恐ろしそうな鬼に出会った瞬間に、お供たちが一瞬にして自分を置き去りにして逃走してしまう場面を想像すると、桃太郎は夜も眠れない。

重要語句 42

価値観（かちかん）

意味　ものごとの価値についての、個人の考え方。

「きびだんごと友情、どちらが大事？」「もちろんきびだんご！」と答えるお供たち。精神的な満足より物質的なほうを重んじる価値観に失望する桃太郎。

重要語句 43

農耕（のうこう）

意味　田や畑を耕し作物を育てること。

まだ農耕のための便利な器具の少なかった当時、おじいさんが一人で山の芝刈りをするのはかなり骨の折れる仕事だったはず。

重要語句 44

狩猟（しゅりょう）

意味　銃・あみ・わななどで、けものや鳥をとらえること。

もしキジが狩猟でねらわれていたとすると、きびだんごにつられて桃太郎に付いてきたキジはどういう考えだったんだろう。

重要語句 45

推敲（すいこう）

意味　どのような言い表し方が良いか何度も考え直し、より良い文にすること。

鬼退治を前に、これまで育ててくれたおじいさんとおばあさんに手紙を残そうと思い、その内容について推敲を重ねる桃太郎であった。

重要語句 46

論理（ろんり）

意味　考え方の正しい筋道。

無駄な戦いは避けたいと思い、鬼との話し合いを考えてみた桃太郎であったが、論理的な話ができる相手ではないと思い直した。

重要語句 47

同調圧力（どうちょうあつりょく）

意味　暗黙のうちに多数意見に合わせるように誘導すること。

鬼退治が怖くなった桃太郎。村人たちにまずは鬼との話し合いを提案するが、鬼が一方的に悪いとの同調圧力が強くてあきらめることに。

重要語句 48

定石（じょうせき）

意味　良いとされる決まったやり方。

正面から堂々と攻めたいが、力の劣る側の攻撃は奇襲攻撃をするのが定石だろうと思い、まともな攻撃をしようとしない桃太郎。ひきょうかな。

重要語句 49

対義語

効率化
こうりつか

意味 無駄なくはかどらせること。

今は家事も効率化され川で洗濯することもなくなったので、流れてきた桃に気が付くおばあさんもおらず、やがて桃太郎も海に流れ出ることに。

重要語句 50

対義語

資本主義
しほんしゅぎ

意味 労働者をやとって資本家が事業を行い品物を生産する経済のしくみ。

きびだんごという報酬によってお供たちが戦力を提供するのは、資本家が持つ資本によって労働力を得るという意味で資本主義とも言える。

重要語句 51

対義語

主観
しゅかん

意味 自分の心のはたらきや考え。

桃太郎が大好きだワン。桃太郎は立派な人だってみんなに言ったら「主観を押し付けるな」って怒られてショック。

重要語句 52

対義語

絶対
ぜったい

意味 ほかに比較するものがないこと。

どんなに修行したって不安だ。世の中に絶対なんてことはない。鬼が勝っても桃太郎が勝ってもおかしくないんだ。

重要語句 53

対義語

受動
じゅどう

意味 ほかからのはたらきかけを受けること。

イヌはいつも「お腹が減った」なんて言わない。桃太郎がきびだんごをくれるのをじっと待つ受動的な態度だ。

重要語句 54

対義語

創造
そうぞう

意味 自分の考えで新しくつくり出すこと。

鬼の持つこん棒は強い。桃太郎もこれまでにない新しい武器を創造する必要がある。ダイアモンドでできた刀なんてどうかな。

重要語句 55

対義語

抽象
ちゅうしょう

意味 共通の要素を抜き出してとらえること。

すべての鬼のデータを分析した。抽象化すると、やつらは力が強くて、体が大きい。って見たらわかるわーい！

重要語句 56

対義語

理性
りせい

意味 筋道を立てて考え、正しく判断する能力。

本当は鬼ヶ島なんて行きたくないし、田舎のサル山でサル美ちゃんと遊んで過ごしたい。でも、理性を総動員させて毎日修行に励むサル。

重要語句 57

対義語

社会主義 (しゃかいしゅぎ)

意味 人々が労働に応じて利益が得られ、資本家と労働者の対立をなくそうとする考え方。

桃太郎が持っていたきびだんごをイヌ、サル、キジに平等に分け与えた点は、社会主義に近い考え方とも言える。

重要語句 58

対義語

非効率 (ひこうりつ)

意味 生産性が低いこと。

きびだんごを持ってうろうろ歩き回り動物を勧誘。そんな仲間集め非効率だね。

重要語句 59

対義語

相対 (そうたい)

意味 ほかと関係づけたり比べたりしてとらえること。

しっかり者のおばあさんと相対して考えると、おじいさんはいい加減だ。でも、桃太郎にとっては頼りになる存在なんだよね。

重要語句 60

対義語

客観 (きゃっかん)

意味 主観の外にあるもの。

桃太郎を好きな気持ちから離れて客観であいつを見てみろ！ 修行をサボってばっかりでぐーたら三昧だぞ！

重要語句 61

対義語

模倣 (もほう)

意味 まねること。

桃太郎が新しい刀をつくるなら、おいらも同じのが欲しいワン。模倣ばかりするイヌ。

重要語句 62

対義語

能動 (のうどう)

意味 ほかへはたらきかけること。

「修行しましょう」「ご飯食べましょう」「たまには息抜きしましょう」とキジは能動的に仲間に声掛けをしている。

重要語句 63

対義語

感情 (かんじょう)

意味 気持ち。

毎日何時間も歩いて、修行して、もう三日三晩も屋根のある所で寝ていない。こんなんじゃ前向きな感情なんて湧かない。もう全部イヤ！！

重要語句 64

対義語

具体 (ぐたい)

意味 はっきりした形にすること。

鬼に出会ったら、みんなでこうワーッと襲い掛かって、ガッと倒そう！ って、具体的にどうするんだよ〜。

重要語句 65

対義語

精神 (せいしん)

意味 こころ。

毎日毎日キジに怒られてばかりの桃太郎。この調子で怒られていたら精神がもたない。鬼と戦う前に息抜きさせてくれ〜。

重要語句 66

対義語

消費 (しょうひ)

意味 使ってなくすこと。

まずい。もうきびだんごをほとんど消費してしまった。今月はすでに赤字なのに、どうやってやりくりしよう。トホホ。

重要語句 67

対義語

定住 (ていじゅう)

意味 生活の場所を決めて、長くそこに住むこと。

気候は一年中安定していて、自然も豊か。魚も釣り放題! 理想の島だ、鬼ヶ島は。よし、ここに定住しよう。

重要語句 68

対義語

依存 (いぞん)

意味 ほかの人やものに頼ること。

え? 鬼ですか? 大丈夫ですよ、うちにはイヌとキジがいますから。ちょちょいのちょいでやっつけてくれますよ。仲間に依存するリーダー。

重要語句 69

対義語

需要 (じゅよう)

意味 商品などを求めること。

本日の鬼ヶ島ニュース。鬼のパンツの需要が高まりすぎて、生産が追い付いておりません。特に黄色と黒のしま模様は大人気。

重要語句 70

対義語

人工 (じんこう)

意味 人間が手を加えて作り出すこと。

ん? さっき買ったきびだんご……いつもと味が違う。なに? イチゴ味だと!? 変な味付けにして〜! 人工的な味になっちゃってるよ〜。

重要語句 71

対義語

ネガティブ

意味 否定的。消極的。

もうおいらはダメだ。キャラは薄いし攻撃も地味だし子どもに人気もないし。とネガティブなことばっか言うサル。じゃあ修行しろと仲間たち。

重要語句 72

対義語

マイノリティー

意味 少数。少数派

実は鬼ヶ島にも人間は住んでいる。鬼 99 に対して人間は 1。マイノリティーなので肩身が狭い。鬼のパンツはデカすぎるよ。

重要語句 73

対義語

生産
（せい さん）

意味 作り出すこと。

食べるものがないなら、自分たちで生産すればいいんだ。よし、きびを育てるぞ！ 気がついたらきび農家になっていた。鬼退治忘れてた！

重要語句 74

対義語

肉体
（にく たい）

意味 からだ。

これくらいの修行で弱音ばかりはいて……。精神が弱いんだから、肉体くらい鍛えなさい！ ほら、腹筋1000回！ 腕立て500回！

重要語句 75

対義語

自立
（じ りつ）

意味 自分だけの力でやっていくこと。

私は桃太郎にきびだんごなんてもらわなくても自分で獲物を狩れますから。自立したキジにならないと故郷で笑いものにされます。

重要語句 76

対義語

遊牧
（ゆう ぼく）

意味 家畜とともに水と草を求めて移動する暮らし。

もうさ～鬼ヶ島のことは忘れてみんなで遊牧生活しない？ 牛とか羊とか飼ってさ、国中を旅して暮らすんだ。

重要語句 77

対義語

自然
（し ぜん）

意味 人の手が加わらない、もとのままの状態。

ばあさんにきびだんごを作ってもらった。これこれ。自然の甘味。変に手を加えずに素材そのものの味がいいんだよね。

重要語句 78

対義語

供給
（きょう きゅう）

意味 要求に応じて品物などを出すこと。

親分大変です！ 島民が鬼のパンツを求めて争ってます。このままでは島はめちゃくちゃだ！ 早く工場を増やして供給を増やしましょう！

重要語句 79

対義語

マジョリティー

意味 多数。多数派

キジはどんな時でも自分の意見を曲げない。だからたまに、村人とけんかになる。マジョリティーの意見も参考にすればいいのに。

重要語句 80

対義語

ポジティブ

意味 積極的。

修行の成果が表れてきて、どんどん強くなるイヌ。早く鬼ヶ島に行きたいワン！ となんにでもポジティブ。

重要語句 81

普遍的（ふへんてき）

意味 すべてに通じること。

桃から生まれた桃太郎をわが子のようにかわいがって育てるおばあさんの姿に、おじいさんは普遍的な愛を感じている。

重要語句 82

画一的（かくいつてき）

意味 一つ一つの特色を考えずに、どれも同じようにあつかったりする様子。

常に村人は正しい！ 鬼が間違っている！ という画一的な考えから話し合いは難航。これでは、おたがいを理解する可能性は低そうだ。

重要語句 83

社会性（しゃかいせい）

意味 社会に適応する性格。

習慣や伝統が大きく異なるのに、鬼の世界に人間と同じような社会性を求めるのは、もうやめてくれよ〜！ 鬼ボスは悲鳴を上げた。

重要語句 84

合理化（ごうりか）

意味 無駄をなくして仕事の能率が上がるようにすること。

合理化が進み、もし洗濯機があったとしたら、桃太郎とおばあさんの出会いはなかっただろう。

重要語句 85

同質的（どうしつてき）

意味 質が同じである様子。

鬼退治のメンバーは同質的なチームではなく、個性の異なるさまざまなメンバーから作られている。そこが強味！

重要語句 86

安全性（あんぜんせい）

意味 危険性がおさえられている様子。

川から流れてきた桃を拾って食べようとするおばあさん。食の安全性の観点が欠けているのでは？ 元来食い意地がはっている。

重要語句 87

多様性（たようせい）

意味 いろいろである様子。

さまざまな人が集まる多様性のあるチームは柔軟性があってよいそうだ。鬼退治のメンバーはまさに多様性に富んでいる。最強なのかも。

重要語句 88

不可欠（ふかけつ）

意味 なくてはならない様子。

キジのストライキ。サルのかんしゃく。イヌの暴走。チームは崩壊寸前。桃太郎は、もう誰も不可欠ではないような気もしてきた。戦力外通告か。

重要語句 89

近代化

意味 古いものごとや考え方を捨てて、新しいものごとややり方に変えること。

近代化が進んだ今の時代から見れば、鬼という存在は古い考えかもしれないが、昔の鬼に当たるような存在は現在でもいろいろといるはず。

重要語句 90

国際化

意味 多くの国々とかかわること。

異なる習慣や言語を持つ鬼と交流することが国際化に当たるのだとすると、大事なのは外交努力で戦いを避けることだろう。どうする桃太郎。

重要語句 91

集団性

意味 多くの人や動物が集まる性質。

高い集団性を持った鬼に対抗するためには、桃太郎のほうもメンバー間の結束を高めて向かっていかねば。果たしてまとまるか。

重要語句 92

一般的

意味 広く認められ行きわたっている状態。

鬼退治のメンバーとして、一般的には猟犬3匹のほうが戦力になりそうだが、今回は三者三様の個性を生かして勝負だ。

重要語句 93

パートナーシップ

意味 対等で友好的な協力関係。

おじいさんは山へ芝刈りに。おばあさんは川へ洗濯に。おたがい助け合って仲良し、最高のパートナーシップ。

重要語句 94

バーチャル

意味 コンピュータによって作り出される仮想のもの。

早く、鬼ヶ島クエストやろうぜ！ 俺、もうすぐレベル99なんだ〜！ バーチャル世界では無敵な桃太郎。現実世界でも修行してくれ〜。

重要語句 95

IT

意味 インターネットを中核とした情報技術。

鬼ヶ島では、IT技術の発達によりどこにいても仲間の鬼たちと連絡がとれるようになっています。人気機種はONIフォン21。

重要語句 96

インターネット

意味 コンピュータどうしをつなぐ通信ネットワーク。

「ねえ、鬼ヶ島に人間と動物のパーティがやってくるらしいよ」「それ、昨日インターネットで動画見た〜。めっちゃ弱そうだったよね！」

知って
おきたい
外来語

グローバル

意味 地球的。世界的な規模。

おばあさんのきびだんごは桃太郎が旅に出たことで日本中で爆発的な人気に。このままグローバルな人気商品になりますように。村おこし！

知って
おきたい
外来語

ライフライン

意味 生活に不可欠な物資の補給。

ねえ。旅に出たら、ご飯とかお風呂とかトイレとかはどうなるの？　俺、箱入り息子だからライフラインがしっかりしてないと体壊すよ！！

知って
おきたい
外来語

フードロス

意味 まだ食べられるのに廃棄される食品。

桃太郎、そのきびだんごいらないの？　ならおいらが食べるワン！　キジのもちょーだい！　イヌのおかげで桃太郎パーティはフードロスなし。

知って
おきたい
外来語

ＳＤＧｓ

意味 持続可能な開発目標。

村では、どんな時もみんなで助け合って暮らしている。だから飢餓や貧困で苦しむ人はいないんだ。これぞ世界が目指すＳＤＧｓ！

知って
おきたい
外来語

コミュニケーション

意味 意思疎通。意思や感情を伝え合うこと。

キジが「右だ！」って言うから右に逃げたら鬼がいた。右に鬼がいるぞって意味だったのか〜。コミュニケーションが上手くいってない。

知って
おきたい
外来語

ディスカッション

意味 話し合い。討論。

どうしたら桃太郎がやる気になるのか……。おじいさんとおばあさんは日夜ディスカッションしているが、答えは出ない。無理かも！

知って
おきたい
外来語

アイデンティティー

意味 自己同一性。自己証明。

俺は桃から生まれた桃太郎！　桃から生まれただけで特別だってわかるでしょ。他人とは違いすぎてアイデンティティーに悩んだことはない。

知って
おきたい
外来語

ニッチ

意味 すきま。

隣村もその隣村も米ばっかり作っている。みんなが注目していないニッチを狙ってきびをたくさん作ろう！　こうしてきびだんごが村の特産品に。

ネットリテラシー

意味 インターネットを使いこなす知識や能力。

あなた、聞いて。うちの鬼太郎がインターネットで知り合った鬼に住所を教えてしまったの。なんてネットリテラシーがないやつなんだ！

コンセプト

意味 計画の根本にある考え。

桃太郎変身計画！　ぐうたらしてばかりの桃太郎にやる気になってもらうための計画である。コンセプトは「ムキムキでモテモテ」。

コンプレックス

意味 劣等感。人より劣っているという感じ。

サルは自分がイヌやキジと比べて人気がないことにコンプレックスを感じている。かわいいキャラ、賢いキャラ……残るは不良キャラ！？

ステレオタイプ

意味 典型。型にはまった考え方。

体は赤く、髪は黄色のもじゃもじゃ、手にはこん棒。まさにステレオタイプの鬼だ！　あれは雑魚鬼に違いない。

テクノロジー

意味 科学技術。

あーあ、真面目に修行なんてやってられないよ。ねえ、テクノロジーは進化したんでしょ？　てっとり早く強くなる注射とか手術とかないの？

デジタル

意味 何でもデータ化すること。

まず、ドローンで鬼ヶ島を上空から撮影し、地形と人数を把握する。桃太郎は家のパソコンから指示を出す。デジタル社会の鬼退治。

デモクラシー

意味 民主主義。

鬼ヶ島ではデモクラシーを採用している。鬼議会でみんなで話し合ったうえで多数決によりボス鬼を選出。実はボス鬼は知能派。

プライバシー

意味 個人の私生活に関すること。

有名になった桃太郎。インターネットに桃太郎の個人情報が流出。どうしたらプライバシーを守れるのか。人気者もつらいよ〜！

重要語句 113

マニュアル

意味 取り扱い説明書。

新しい武器を通販で買った。おかしいな、刀が光るはずなんだけど、どこを押すんだろう。めんどくさいけど、マニュアルを読むか……。

重要語句 114

ロジック

意味 論理。理くつ。

鬼は戦い好きなので、一番強い者に従います。だから、ボス鬼を奇襲して最初に倒しましょう。さすがキジ、そのロジックを採用しよう！

重要語句 115

プライベート

意味 個人的。私的。

きゃ〜桃太郎さん、写真撮ってください！！　ごめん、今プライベートだからまた今度でいいかな？

重要語句 116

コンプライアンス

意味 法令や社会規範を遵守すること。

鬼ヶ島では、法令以外でもセクハラやパワハラなどのコンプライアンス違反が報告されると、ボス鬼によるお尻ぺんぺんの刑が科される。

重要語句 117

ハラスメント

意味 人を困らせること。いやがらせ。

いつも、キジのきびだんごだけ少ない。桃太郎さん、これってハラスメントじゃないですか！？ギクッ。そ、そんなことないよ！

重要語句 118

とりわけ

意味 そのうちでも、特に。

イヌは仲間のことが好き。とりわけ桃太郎のことが大好き。だって、きびだんごいっぱいくれるんだもん。

重要語句 119

むろん

意味 もちろん。

いつも頑張っているから、今日から3日間温泉旅行に行こう。むろん、修行のために走って行くぞ。

重要語句 120

したがって

意味 それだから。よって。

おばあさんはおじいさんとけんかして家を出ていった。したがって、今日から洗濯は桃太郎の仕事です。おばあさん、早く帰ってきて〜！

よく使われる
言い回し

すべからく

意味 当然。なすべきこととして。

桃太郎もイヌもサルもキジもすべからく修行に励むべきだ。村の平和を守るために！ 刀も村人に買ってもらったしね……。

よく使われる
言い回し

えてして

意味 よくそうなる様子。

桃太郎が今日は張り切っている。そういう時はえてして失敗する。あーあ、今日もおじいさんの大切なぼんさいを壊しちゃったよ……どうしよう。

よく使われる
言い回し

はからずも

意味 思いがけず。思いがけなく。

故郷のキジ村を出て旅をしていたが、お腹が減って倒れてしまった。そこに現れた桃太郎とはからずも鬼退治に行くことになってしまった。

よく使われる
言い回し

かたや

意味 片方は。

掃除・洗濯・料理、なんでもできるキジ。かたや、ぐうたらが得意、なんにもできない桃太郎。

よく使われる
言い回し

もっぱら

意味 そのことばかり。

桃太郎の家来になってから、もっぱら家事ばかりしているキジ。修行の時間がとれないことが最近不安。

よく使われる
言い回し

すこぶる

意味 大変。大いに。

キジが仲間になってから、すこぶる体調が良い桃太郎。やっぱり早寝早起き健康的な食事は大切だな〜。

よく使われる
言い回し

ことさら

意味 わざと。故意に。わざわざ。特別。

桃太郎には立派になってほしいおばあさん。ことさら厳しく育てたつもりだけど、かわいすぎてついつい甘やかしてしもうたかのう……。

よく使われる
言い回し

おもむろに

意味 ゆっくり動作を起こす様子。

キジに口うるさく注意される桃太郎。おもむろに立ち上がり……なんと逃げた！ 修行せーへんのかい。